品成

阅读经典 品味成长

读懂孙子兵法

宋忠平 ◎ 著

王思思 ◎ 主编

人民邮电出版社

北京

图书在版编目（ＣＩＰ）数据

读懂孙子兵法 / 宋忠平著；王思思主编. -- 北京：
人民邮电出版社，2024.4（2024.7重印）
ISBN 978-7-115-64065-9

Ⅰ．①读… Ⅱ．①宋… ②王… Ⅲ．①《孙子兵法》
－通俗读物 Ⅳ．①E892.25-49

中国国家版本馆CIP数据核字(2024)第059082号

◆ 著　　　　宋忠平
　 主　编　　王思思
　 责任编辑　郑　婷
　 责任印制　陈　犇

◆ 人民邮电出版社出版发行　　北京市丰台区成寿寺路 11 号
邮编 100164　　电子邮件 315@ptpress.com.cn
网址 https://www.ptpress.com.cn
文畅阁印刷有限公司印刷

◆ 开本：880×1230　1/32

印张：10.25　　　　　　　　2024 年 4 月第 1 版

字数：186 千字　　　　　　　2024 年 7 月河北第 2 次印刷

定　价：49.80 元
读者服务热线：（010）81055671　印装质量热线：（010）81055316
反盗版热线：（010）81055315
广告经营许可证：京东市监广登字 20170147号

前言

《孙子兵法》可以称得上是每一个中国读者乃至相当一部分外国读者都十分熟悉的古代典籍，无论背诵过与否，"知彼知己者，百战不殆""攻其无备，出其不意""不战而屈人之兵"等传世名言很多人都能脱口而出。若我们追根溯源，到孙武祠去寻访，会在那里发现对孙武的评价十分妥帖，又十分简练：我国古代杰出的军事家与军事理论家。

军事家，是军事行动的实践者，主要聚焦在战术层面；军事理论家，主要注重研究战争的内在规律和战略，将军事、政治、经济等各个领域融会贯通，是制定最佳战略路线的谋划者。站在历史的角度放眼整个世界，从人类用文字记录历史开始，能将战争的实践者和战略的谋划者两个身份集于一身，同时其著作历经 2500 多年的时光仍熠熠生辉的人，除孙武外再难寻到他人。

也许有人会发出疑问，首次出版于 1832 年的《战争论》的作者卡尔·冯·克劳塞维茨是西方的"兵圣"，同样带过兵打过仗，写过享誉世界的军事著作，就比孙武差吗？我们不能简单类比。孙武大约生于公元前 545 年，曾与伍子胥大败楚军，直捣楚国的国都郢，也曾大败吴军，让勾践屈辱求和，可以说孙武之于吴国，是战功赫赫、不可或缺的大将。而孙武所著"兵法十三篇"，即我们今天十分熟悉的《孙子兵法》，更是站在战略的高度揭示了战争的本质和谋略的运用，从而突破时间和空间的局限。

这正是这本书出版的初衷。以往关于《孙子兵法》的研究，更多集中在古代战例的运用上，为了能够真正展现孙武的思想跨越时空对现代战争产生的影响，探寻其长盛不衰的秘密，我们将战例限定在近现代战争，乃至未来战争的范畴。事实上，随着时代的变化，战场要素发生了巨大改变，如果说过去的战场变数只有几个，那么现在的战场变数则多达几十个，甚至上百个。现代战争的表现形式早已不是单纯的枪对枪、炮对炮，战场已延伸至空天，以及外交场、情报场，乃至看不见的电磁战场、网络战场。

因此，我们在选择战例的时候，并没有局限于某个具体的战例，而是将国与国之间的较量、国际局势的力量变化、影响世界格局的历史事件、军事科技的发展轨迹皆作为考量融入其中。如此，以供读者站在更高的战略视角去理解《孙子兵法》，而不是局限于某个古代战例的应用，同时也能以全新的角度去看待当今国际局势，以及俄乌冲突、美俄混合战争、中美博弈等热点问题。战势在变，恒理常通。

梅德韦杰夫曾用《孙子兵法》中的句子揭示俄罗斯在乌克兰特别军事行动的意义。《孙子兵法》在俄乌战场上发挥了重要作用，俄罗斯军队也好，乌克兰军队也罢，都在学习《孙子兵法》，甚至在俄乌战场上还发现了乌克兰士兵带着的《孙子兵法》译本。著有《战争与后勤》《军官的教育》等军事图书的以色列军事学者马丁·范·克里费德认为："所有战争研究著作中，《孙子兵法》最佳，而克劳塞维茨的《战争论》只能屈居第二。"足可见国外学界对《孙子兵法》的高度评价。更有趣的是，当在国外著名视频网站 YouTube 上搜《孙子兵法》的教程时，竟能搜出上百万条内容，并且都是穿着西装的西方人在讲解。

事实证明，2500 多年过去了，《孙子兵法》不仅没有过时，反而大放异彩。《孙子兵法》的核心内涵是什么？不战而屈人之兵，以慑止战，不爆发战争就能解决问题才是最为重要的。中国人爱好和平，我们提出"人类命运共同体"，其实就是希望不打仗，希望世界和平。这也是孙武先生立书的初衷。

英国著名军事学家利德尔·哈特在《孙子兵法》英译本序言中说："在导致人类自相残杀、灭绝人性的核武器研制成功以后，就更需要重新而且更加完整地翻译《孙子兵法》这本书了。"

虽然天下不太平，但只要人类能够坚守和平的理念，谨记孙武那句"兵者，国之大事，死生之地，存亡之道，不可不察也"，我们就能最大程度避免战争，并使中国人所倡导的"人类命运共同体"照进现实。

和，是中华民族文化的精髓，亦是《孙子兵法》的精髓再现。

目录

参考文献

第十三章　用间篇

故惟明君贤将，能以上智为间者，必成大功。

第一章

计篇

思维导图

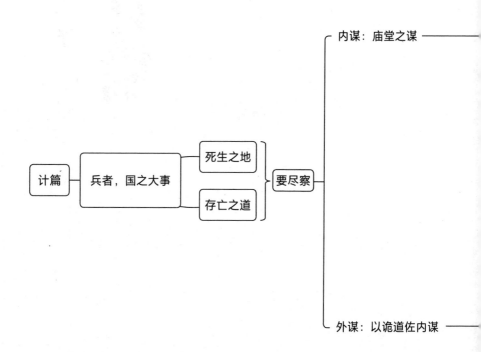

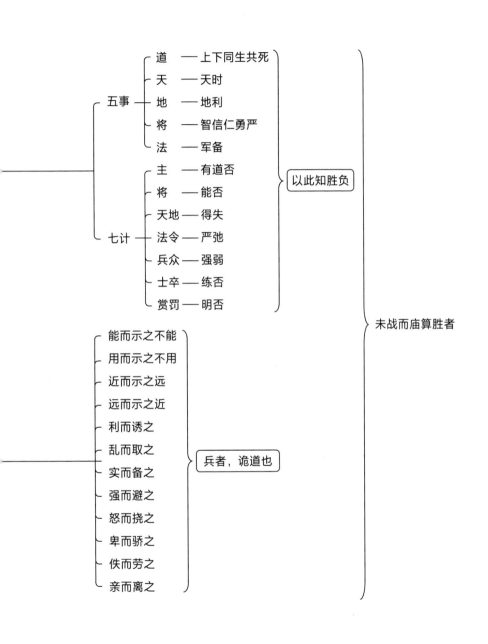

原文

孙子曰：兵者，国之大事，死生之地，存亡之道，不可不察也。

故经①之以五事，校②之以计③，而索其情：一曰道，二曰天，三曰地，四曰将，五曰法。道者，令民与上同意也，故可以与之死，可以与之生，而不畏危；天者，阴阳、寒暑、时制也；地者，远近、险易、广狭、死生也；将者，智、信、仁、勇、严也；法者，曲制、官道、主用也。凡此五者，将莫不闻，知之者胜，不知者不胜。

故校之以计，而索其情，曰：主孰有道？将孰有能？天地孰得？法令孰行？兵众孰强？士卒孰练？赏罚孰明？吾以此知胜负矣。

将听吾计，用之必胜，留之；将不听吾计，用之必败，去之。

计利以听，乃为之势，以佐其外。势者，因利而制权④也。

兵者，诡道也。故能而示之不能，用而示之不用，近而示之远，远而示之近，利而诱之，乱而取之，实而备之，强而避之，怒而挠⑤之，卑而骄之，佚而劳之，亲而离之。攻其无备，出其不意。此兵家之胜，不可先传也。

夫未战而庙算胜者，得算多也；未战而庙算不胜者，得算少也。多算胜，少算不胜，而况于无算乎！吾以此观之，胜负见矣。

注释

① 经：纵线。古代人在织布的时候，会先以纵线为主，之后才加纬线（横线），所以用"经"指代主要的事物。此处有纲领、主线的意思。

② 校：通"较"，较量，比较。

③ 计：计算，在此语境中，有估计的意思，而非计谋的"计"。

④ 权：原意为秤锤，其可以随着被称物体的轻重不同而移动，引申为机动、机变之意。

⑤ 挠：干扰，扰乱。此处有使对方心烦意乱，不能发挥力量之意。

译文

孙武说，战争是国家的头等大事，一国的生死存亡皆系于此，一定要慎重、周密地分析和研究。

因此，必须将决定战争胜败的五个因素作为主线，估计双方的优劣势，进行比较，得到较详细的情况，这样才能了解你所面临的战争形势。而这五个因素：一是政治，二是天时，三是地利，四是将帅，五是法治。

政治，就是使百姓和君主有相同的意愿，能够同心同德，可以同生共死，而不会惧怕危险；天时，就是看昼夜、阴晴、寒暑等季节天候；地利，就是看地势高还是低、路程远还是近、地形险要还是平坦、战场广阔还是狭隘、死路一条还是存在生路等地理条件；将帅，就是看军队将领是否足智多谋、赏罚分明、关爱下属、勇敢果断、严于律己；法治，就是看军队组织架构的编制、将领军官的管理、军需军械的掌管等情况。

对这五个方面，军队将领都要去深刻了解，了解了就容易取胜，不了解就很难取胜。所以要通过比较双方的优劣情况来预测战争的胜负：哪一方的君主更开明，能得民心？哪一方的将领指挥更高明？哪一方占据天时地利？哪一方能够严格执行法令？哪一方装备更精良，资源更充足？哪一方的士兵训练更有素？哪一方的赏罚更公正严明？通过这些比较，我就可以判断战争的胜负。

如果君主能听从我的计划并依此行事，就必然取胜，我就留下；如果君主不接受我的计划，即使用我，也必然失败，那么我就离开。

若君主能听从我对利弊的分析，采纳我的意见，就创造了一种战场以外的优势。所谓优势，就是根据有利条件取得主动权。

而在战场之上，用兵就要诡诈。因此，有能力，要装作无能；要攻打，就装作不想打；近的装作远的，远的装作近的；敌人贪利，就诱之以利消灭他；敌人混乱，就乘机攻打他；若敌人准备充分，就要严阵以待提防他；若敌人强大，就要避其锋芒，不与之正面冲突；通过激怒敌人干扰他的判断，通过放低姿态示弱使对方骄傲自满；若敌人精力充沛，就设法使他们劳累；若敌人内部融洽，就要设法离间他们的关系。要攻打敌人没有防备的地方，在敌人没有预料的时候采取行动。这些都是军事家取胜的诀窍，要随机应变，相机抉择，不可僵化地按照自己预设好的战场形势行动。

在战前估算中能获胜的，说明其获胜条件充足；在战前估算中不能获胜的，说明其获胜条件不足。同等条件下，多进行计算的一方胜算高，少进行计算的一方胜算低，更何况是不计算的呢？我通过观察这些，就可以预见胜败了。

现代战争应用

超脱战争与时代，计与诡的画卷

战争，摧毁文明，又塑造文明。

在人类文明的历史之轴上，每一场留下痕迹的战争，无论是过去、现在，还是将来，都不断地塑造着我们的世界。

约 2500 年前，中国正值春秋末期，如果说这一时期的华夏文明是绑在战车上滚滚前进的，那么当我们把目光从东方移向西方时，会发现文明同样与战争紧紧捆绑，相互交融。

这一时期，一个小部落在几十年间就扩张成地跨欧亚非的波斯帝国，半个世纪后，波斯"不死军团"在马拉松平原与古希腊重装步兵对垒，并在箭雨中决定了世界文明的发展格局。当希腊人破除波斯人不可战胜的神话之时，无论是胜利者还是战败者，他们都尚不知晓世界上最早的军事著作《孙子兵法》已在东方诞生，独立的军事理论已悄然创立。如果他们能冲破地域和文化的局限，好好读一读东方的战争智慧、兵家宝典，也许文明的脚步会走向另一番天地。

当然，历史没有假设。

虽然《孙子兵法》成书于春秋末期，但当我们认真分析古代、近代或现代战争胜负的原因时，总能在《孙子兵法》中找到超越胜负的答案，其中的战略思想如空气般，贯穿于古今中外的每场战争之中。

"兵者，国之大事，死生之地，存亡之道，不可不察也"，《孙子兵法》共 13 篇，从国家与战争的关系谈起，开篇即指出战争的重要性，即一个国家如果不重视战争，不重视对战争的研究和准备，就会危及国家的生存和发展。

与其说《孙子兵法》是一本兵书，不如说这本书讲述的是超脱战争和时代之外关于生死存亡的哲学。这是孙武的伟大之处，他将战争思维升华至国与国之间的战略较量。

当我们穿越约两个甲子的烟云来到 1894 年，你会看到中国近代史上最屈辱的一幕是如何诠释孙武的"存亡之道"的。清政府将"兵者，国之大事"掩盖在天朝上国的美梦之下，在军事建设上短视而吝啬，使号称"世界第七、亚洲第一"的北洋水师在开战前竟仍缺少弹药，战场胜负也就不言而喻。甲午战争，这场改变了两个东方国家命运的海战，让日本一战而起，让清朝在舰毁人亡的同时，给中华民族带来空前严重的政治、经济危机，大大加深了中国社会半殖民地化的程度。

正如孙武所指出的那样，一国的生死存亡尽数系于战争，纵横千年，国家因不重战而滑向衰退甚至覆亡的例子比比皆是，只是历史的教训理解起来并不难，能汲取的人却很少，因此类似的悲剧总在上演。

科威特，1989 年石油探明储量居世界第四，是世界上人均收入最高的国家之一，这样一个富庶的国家，对军队的投入却少得可怜。伊拉克入侵之前，科威特的士兵约有 2 万人，坦克 27 辆，火炮和火箭发射器 90 门（架），攻击直升机 18 架，这是科威特当年的全部"家当"。

在阿拉伯语中，科威特是"小城堡"的意思，但这个富而不强的国家远没有城堡那样坚固，反而像茅草屋般一触即溃。1990 年 8 月 2 日凌晨 2 点，觊觎科威特财富已久的伊拉克动员 14 个师，总兵力 10 余万人，突然大举入侵。科威特军队还没来得及组织有效抵抗，已迅速被伊军突破了边防线。仅用了约 14 小时的时间，伊军即占领了科威特首都科威特城，第二天占领了科威特全境。这也引发了第一场高科技现代化战争——海湾战争。1991 年 1 月 17 日，以美国为首的多国部队出动数百架飞机轰炸伊拉克，海湾战争正式爆发。历经 8 年两伊战争锻炼和煎熬的伊拉克，其表面的强悍用来对付科威特虽绰绰有余，可面对美国降维打击式的碾压，伊军各类目标在美军精确制导武器的攻击下，成了散落在死亡之路上的废铁和碎块，同时也让苏制武器失去了昔日的辉煌。

海湾战争的战斗时间（1991年1月17日至1991年2月18日）虽短，但带给伊拉克、科威特，乃至全世界的冲击和影响都是巨大的。

现代战争条件下，军力落后，科技落后，只能被动挨打。海湾战争暴露出中东地区大多数国家财富巨大而军力弱小的"致命缺点"。一位科威特人士感慨道："连国家都保不住了，石油、美元又有什么用？"这不仅反映了遭受侵略一方的心态，也道出了海湾国家的普遍忧虑。

为了维护国家安全，防御外来侵略，国家必须加强军事实力，发展军事工业。因此，增强军备，购置新式武器，不惜血本加强国防，成为海湾国家的新国策，同时这样的国策也让美国军火商赚得盆满钵满。如果一个国家只能通过经历血腥和残酷的战火洗礼才能悟出"兵者，国之大事"这个道理，就会像科威特一般珠焚玉碎、千疮百孔，再难接续往日辉煌。

与科威特形成鲜明对比的是瑞士，奇迹般地躲过了两次世界大战的浩劫，200多年无战争。是什么让意大利、法国、德国等国的近邻，欧洲的南北要冲瑞士免于战火涂炭，享受和平？

"我们随时都在准备打仗"，这是瑞士的答案。

虽身处和平环境，但瑞士极其重视国防建设，一直都没有停止备战。"全民皆兵""武装中立"这一基本国防政策一直延续至今。1971 年，瑞士制定了"总体防御"的军事战略，并将其称为"刺猬战略"。不会主动进攻的刺猬，一旦感受到危险就会竖起浑身的尖刺，使敌人讨不到半点好处。

瑞士正如一只充满斗志的刺猬。第二次世界大战时期，被强邻包围的瑞士只有 400 万人口，却在短时间内集结了超过 50 万人的军队。面对这样一个浑身是刺的对手，想狠咬瑞士一口的德国，权衡利弊后还是放弃了攻击。

瑞士到底有多重战？

我们先来了解一下瑞士的兵役制度，堪称独一无二。瑞士实行民兵制，现役编制兵力 14 万人，有陆、空军两个军种。瑞士规定，凡 20 ～ 34 岁身体健康的男性公民都必须服兵役，服役人员一生中参加军训时间共计 280 天。瑞士独特的兵役制度使其在战时可动员几十万受过正规军事训练的民兵参与作战。

在增强国防教育方面，瑞士同样用心良苦。瑞士政府认为，培养公民的国防意识是一项长期任务，必须将之融入每一个瑞士人的血液。为此，瑞士政府依托媒体向全民介绍国家安全形势、国防战略等，营造全社会都关心国防的氛围。同时，还特别注重青少年的国防教育，激发学生爱国主义情怀，为入伍奠定坚实基础。

无论是国防建设还是物资准备、兵力筹备，瑞士都做了精心部署。我们并不难理解为什么满嘴獠牙的国家都不敢轻易招惹这个将重战这一战略思想贯彻到底、融入骨血的国家。

我们看到，孙武的重战思想跨越2500多年到今天仍然十分重要，甚至可以说更加重要，它时刻警醒我们要重视战争、研究战争、准备战争。不过，很多读者有疑惑，战争形态已发生颠覆性改变，成书于丘牛大车、甲胄矢弩时代的《孙子兵法》，还能在现代战争中占据一席之地吗？

让我们先把时间拨回到50多年前的中东战场。

"兵者，诡道也"，战争亦是一种"欺骗的艺术"。

善用谋略，善于"欺骗"，可让强者更强，也可助弱者创造奇迹。如孙武所言，如果开战前能最大限度地掩饰己方的战略企图，迷惑敌人使之做出错误的判断，就获得了一个重要的获胜手段。

20世纪70年代，军备相对落后的埃及、叙利亚等国将兵者的"诡道"贯彻到底，成功迷惑了拥有明显军力优势的以色列。在第四次中东战争，即"赎罪日战争"中初战告捷。弱者是如何迷惑强者，骗过以色列无处不在的情报人员，并使其最终不得不归还之前占领的西奈半岛的呢？

被以色列占领西奈半岛到戈兰高地大片土地的埃及和叙利亚明白，要想成功复仇、占得先机，就要打以色列一个措手不及。为此，迟滞以色列战争动员时间，诱使以色列情报机构做出错误判断，是"战略欺骗"中的重头戏。

首先，政治活动混淆视听。

本着"能而示之不能，用而示之不用，近而示之远，远而示之近"的诡道原则，让以色列做出埃及、叙利亚不会出兵的错误判断。一方面，当时的埃及总统萨达特在沙特阿拉伯、卡塔尔、叙利亚穿梭访问，事实上，对沙、卡两国的访问只是迷惑以色列的幌子，真正的目的是与叙利亚闭门磋商开战事宜；另一方面，埃及的外交官们不放过任何一个机会，在各种场合高唱和平。

其次，情报活动切断耳目。

最先要对付的，就是以色列和美国的情报人员。为此，在埃及进行情报活动的日本武官遭遇了飞来横祸，他的汽车与另外一辆汽车相撞，在争吵中惨遭毒打，不得不住进了医院。

最后，军事动向制造假象。

任何战略欺骗都很难天衣无缝，尤其是兵力部署。如何瞒天过海？只能尽力"忽悠"。埃及在兵力部署方面，以"解放23号"演习做幌子，让以色列见怪不怪。此外，埃及还花了3000万英镑在苏伊士河西岸建起高高的沙堤，表面上是为了防备以军的攻击，实际上是为隐蔽坦克和炮兵集结。

随着以色列人掌握的埃军动向越来越多，战略欺骗被看穿的可能性也越来越高。然而值得玩味的是，对埃军非常了解的以色列军情部负责人亚里夫被解职，继任者伊莱·泽拉坚信埃及绝不可能发动战争。当理智被主观俘虏，就极易成为撬动力量分布的杠杆，使强者盲目，使弱者变强。事实上，战前以色列军情部一位研究员提交了一份评估报告认为，埃及在苏伊士运河沿岸的部署和演习都是为了真正的渡河作战做掩护，面对触手可及的真相，这位研究员的上级选择了忽略。

这就是为什么会出现如此戏剧性的一幕：就在埃叙军队动手前几小时，伊莱·泽拉还在记者会上大谈以色列阵地坚如磐石。此时的伊莱·泽拉绝对想不到，再过一会儿苏伊士运河西岸将有 4000 门埃军大炮一齐轰鸣，1000 艘橡皮艇运送着全副武装的士兵渡过运河，300 多架战机发出怒吼冲向戈兰高地，叙军坦克越过壕沟，以军多个坚固据点将落入他国之手。

孙武"兵者，诡道也"的战略思想，在"赎罪日战争"中体现得淋漓尽致。丘吉尔说："人类的故事就是战争。除了短暂和不稳定的间歇期，世界上从来没有过和平。"无论是过去还是现在，不管战争的样式、形态如何变化，其基本规律不会变。如果没有正确的战略思想根植在整个战争中，其后果很可能成为一个国家，甚至多个国家难以承受之伤。正如美国一位叫作柯林斯的战略研究专家对第一次世界大战的评价，认为其是一场战略思想落后于技术的灾难和人力物力的浩劫。

当我们仔细研读《孙子兵法》就会发现，孙武对战争有着极其深刻的认识，他的哲学观念与现代战争完全相关。无论是战略层面的哲思，还是在战争中必须考虑的问题和所受的限制，都超脱了时代的局限。正因为如此，《孙子兵法》对东西方的军事理论研究产生了重要影响，成为全世界军官，乃至每一个普通人的必读书目。

《孙子兵法》与《战争论》

《孙子兵法》是世界上最早的军事著作，距今已 2500 多年。这本古老的兵书在全世界范围内发行量很大，它的英文译名十分浪漫且恰当，"*The Art of War*"，即"战争的艺术"。

类似《孙子兵法》这样对战争有着高度凝练总结的军事著作，还有阿尔弗雷德·塞耶·马汉的《海权论》、卡尔·冯·克劳塞维茨的《战争论》、朱利奥·杜黑的《制空权》、苏沃洛夫的《制胜的科学》等。它们都是全世界范围内发行，且是各个时期、不同国家的职业军人所学习和研究的军事著作。

不过有趣的是，《孙子兵法》的成书时间远远早于其他著作。《孙子兵法》之后最早的一本军事著作是大约成书于 1796 年的《制胜的科学》，这之间隔了 2300 多年。《制胜的科学》

问世之时，中国正值清朝。接下来是出版于 1832 年的《战争论》，作者克劳塞维茨被视为西方近代军事理论的鼻祖，该书对近代西方军事思想的形成和发展有着重要影响。

看过《战争论》的朋友们一定会留下深刻的印象，也同时会感到其深受《孙子兵法》的思想影响。与《孙子兵法》相同，《战争论》既是一本兵书，也是一本哲学书。《战争论》是克劳塞维茨对战争进行观察、研究和分析的结晶，是世界军事思想史上第一部自觉运用德国古典哲学的辩证方法，系统地总结战争经验的著作，具有重要的军事学术价值。与《孙子兵法》一样，克劳塞维茨在《战争论》中也向人们揭示了战争的本质，"战争无非是政治通过另一种手段的继续"，即战争应属于社会生活领域，它绝不是独立的行为，而是从属于政治的。战争不仅是一种政治行为，而且是一种真正的政治工具，因此战争必须服从政治的需要。

孙武十分重视战争中人的因素，重视鼓舞士气，重视民心。克劳塞维茨同样把战争中人的因素提到了一个突出位置，并指出："军事活动绝对不是仅涉及物质因素，它总是还同时涉及具有生命力的精神力量。"《战争论》中提到的勇气和坚韧精神、理智和活动力、统帅的才能、军队的武德和民族精神等，都是贯穿于整个战争活动的精神力量，并能在一定的条件下起决定性作用。

　　与《孙子兵法》一致,《战争论》也全面探讨了战术和战略、进攻和防御,把战争理论看成是一种"经验科学",并一再警告人们不要困于任何教条。克劳塞维茨认为,战斗指挥员应当灵活运用各种条件来合理制定战斗方法,最大程度减少己方的伤亡,并最大程度造成对方的损失,使最后保留或获取的物质力量大于对方,并使对方的精神出现较大的损伤,使之放弃阵地,并承认本次战斗的失败。这与孙武的《孙子兵法·九变篇》中"途有所不由,军有所不击,城有所不攻,地有所不争,君命有所不受"的思想高度一致。《战争论》提出的战略原则——集中优势兵力对薄弱环节进行猛攻,也与《孙子兵法》中"十则围之,五则攻之,倍则分之"的思想高度契合。

　　《孙子兵法》有 13 篇,仅 6000 字左右,《战争论》则有 8 篇,是 70 余万字之巨著。前者面面俱到,篇篇精髓,从国家到士兵,从战略到战术,从物质到精神,从谋虑斗智到战场斗勇,文字内核更为深邃,字字千钧、一字千金。《孙子兵法》与《战争论》在很大程度上促进了战争理论的发展。孙武被誉为"兵家至圣""百世兵家之师""东方兵学的鼻祖",《孙子兵法》也被后世誉为"兵学圣典",并置于"武经七书"之首。同样,《战争论》这一著作也被西方誉为战略学的经典。

　　但从时间上看,《战争论》与《孙子兵法》相差了约 2300

年之久,《孙子兵法》的深远影响可想而知。再者,随着科学技术的飞速发展,原子弹、导弹、各种新型作战飞行器等新式武器的出现,极大地改变了传统的作战样式和规则,西方传统的军事战略理论已逐步失去光环,但孙武的理论却常学常新。

商场如战场

世界上最早的 SWOT 分析

在本篇中,孙武展示了他俯瞰全局的能力,当我们陷入问题时,最先要做的就是跳出问题纷繁复杂的细节,从宏观整体来考量。

《孙子兵法》强调,战争是国家的头等大事,一国的生死存亡皆系于此,一定要慎重、周密地分析和研究。所以,本篇的"计"是计算,而不是计谋。计算敌我双方的力量对比,即前文中讲的"五事七计"。

如果我们将"战争"理解为商业竞争,就会发现孙武的智慧同样适用于商业领域。"五事七计"正是最早的 SWOT 分析。

SWOT 分析是一种常见的战略分析工具,用于评估一个组织、项目、产品或个人的优势、劣势、机会和威胁。

SWOT分析包括以下四个方面

优势（Strengths）
组织内部（或产品）具有的积极、有利的特点、资源和能力，使其具备优势和竞争力。优势包括良好的声誉、高品质的产品、强大的品牌、高效的团队和专业技能等。

劣势（Weaknesses）
组织内部（或产品）的消极、不利的特点、资源和能力。劣势包括运营效率低、财务状况不稳定、管理不善、技术陈旧等方面的问题。

机会（Opportunities）
外部环境中有利于组织（或产品）发展、增长和成功的因素。机会包括市场需求增加、新技术出现、竞争对手出现问题、政策变化等。

威胁（Threats）
外部环境中可能对组织（或产品）产生负面影响、限制其发展或造成损失的因素。这可能包括激烈的竞争、市场饱和、政策变化、经济衰退等。

SWOT 分析的目的是通过深入剖析这四个方面，制定战略、决策和行动计划，以便利用优势和机会，同时避免劣势和威胁。这种分析可以用于企业战略规划、新产品开发、市场营销策略制定，甚至个人职业规划。

孙武在《孙子兵法》中提到的五个因素：政治、天时、地利、将帅、法治，可以间接应用于商业竞争的分析和战略制定。

第一，政治：在商业中，政治因素相当于企业的经营模式要符合国家政策，与国家的发展方向一致，不要做国家政策不支持甚至反对的事情或产品。

第二，天时：天时在商业中可以理解为市场的时机和趋势。了解市场的发展趋势、消费者需求的变化以及竞争对手的动向，对企业的战略决策至关重要，抓住时机，就能够获得竞争优势。

第三，地利：地利在商业中是指企业所处的市场生态位置，以及与供应链相关的条件。生态位置和供应链的支撑程度都会影响企业的竞争力。

第四，将帅：在商业中，将帅代表了企业的领导团队。一个能够精明决策、善于战略规划、懂得激发团队潜力的领导团队是企业成功的关键。将帅需要善于分析市场形势，制定正确的战略，并带领团队执行。

第五，法治：在商业中，法治包括了法律法规、企业内部的规章制度以及商业契约等。遵守法律法规、建立健全的内部规章制度、签订合理的商业契约都是确保企业合法运营和减少风险的重要条件。

而"七计"同样可作为商业判断的依据。

第一，"主孰有道"：企业价值观、企业文化、核心理念是否符合时代的趋势，企业的初衷、商业理想是否经得起沉淀。

第二，"将孰有能"：是对领导团队的能力、经验和智慧的评估。领导团队的决策和管理能力对企业至关重要。

第三，"天地孰得"：对市场条件、行业发展和竞争环境的洞察，分析市场趋势、客户需求等的变化是否有利。

第四，"法令孰行"：企业是否有高效的执行力，从高层决策到基层执行，传递和反馈机制是否成熟。

第五，"兵众孰强"：考量企业的资金、人力、技术和其他资源，分析企业的资产、财务状况、技术实力等，以确定其在竞争中的优势。

第六，"士卒孰练"：分析企业员工队伍的素质、技能的发展。员工的素质、专业技能、士气和团队合作能力是企业做大做强的基础。

第七，"赏罚孰明"：考量企业的奖励制度、绩效评估方式以及激励员工的方式。良好的奖惩制度能够激发员工的积极性，维护企业的稳定和发展。

与本篇相关的商业理论还有迈克尔·波特提出的五力模型，五力模型是很好的计算分析工具，是在市场中决定竞争成败的关键因素。"五力"分别为新进入的竞争者、替代品的威胁、买方的议价能力、供应商的议价能力以及当前竞争者之间的对抗力量。当我们俯瞰企业全局时，会发现这五种竞争力量的共同作用，决定了企业的竞争强度和利润水平。所以，在制定战略时，要依照五力模型进行详尽的分析，如同孙武对战争要素的计算分析。

例如，从"替代品的威胁"角度看，特斯拉便是一个典型的例子。

在特斯拉进入市场之前，汽车行业主要由传统燃油汽车制造商主导，这些企业长期积累了丰富的经验、品牌声誉和生产能力。然而，电动汽车技术的崛起改变了这一格局。

在特斯拉出现之前，电动汽车已经取得了一定的发展成果，但一直难以撼动传统汽车的市场地位。而特斯拉在电池技术、自动驾驶技术、商业模式等方面不断创新，使得整体市场发生了巨大变化，特斯拉也在短时间内成为行业的引领者。

作为汽车领域"纯外行"的特斯拉创始人埃隆·马斯克，带领特斯拉"杀"入汽车领域，并迅速占有一席之地这样的案例在如今的商业社会中越来越多，这提醒着各企业，潜在的替代品、隐秘的竞争者正变得越来越难以预料，要想在竞争中保持优势，需要越来越全面的"计"。

总之，《孙子兵法》中的战略思想与商业竞争有着深刻的联系。企业领导者可以借鉴孙武的智慧，深刻分析产业结构，计算竞争力量，制定正确的战略，以在竞争激烈的商业环境中取得成功。孙武的战略原则不仅适用于战场，也适用于商场。

第二章

作战篇

思维导图

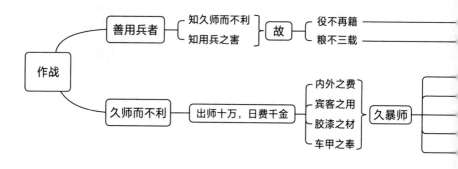

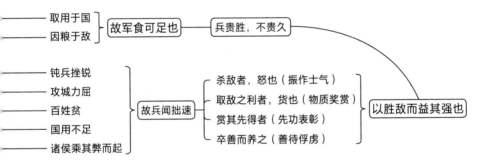

🌸 原文 🌸

孙子曰：凡用兵之法，驰车千驷，革车千乘，带甲十万，千里馈①粮；则内外之费，宾客之用，胶漆②之材，车甲之奉，日费千金，然后十万之师举矣。

其用战也胜，久则钝兵挫锐，攻城则力屈，久暴③师则国用不足。夫钝兵挫锐，屈力殚货④，则诸侯乘其弊而起，虽有智者，不能善其后矣。故兵闻拙速，未睹巧之久也。夫兵久而国利者，未之有也。故不尽知用兵之害者，则不能尽知用兵之利也。

善用兵者，役不再籍，粮不三载⑤，取用于国，因粮于敌，故军食可足也。国之贫于师者远输，远输则百姓贫；近师者贵卖⑥，贵卖则百姓财竭，财竭则急于丘役。力屈、财殚，中原内虚于家。百姓之费，十去其七；公家之费，破车罢马，甲胄矢弓，戟盾矛橹，丘牛大车，十去其六。

故智将务食于敌，食敌一钟，当吾二十钟；萁秆一石，当吾二十石。故杀敌者，怒也；取敌之利者，货也⑦。故车战，得车十乘以上，赏其先得者，而更其旌旗，车杂而乘之，卒善而养之，是谓胜敌而益强。

故兵贵胜，不贵久。故知兵之将，生民之司命，国家安危之主也。

注释

① 馈：运输。

② 胶漆：胶为黏合剂，一般用动物的皮或角熬制而成。漆为植物（漆树）的汁液做的涂料，有防腐功能。二者皆为古代修理、保养军需物品的常用材料。

③ 暴：暴露，这里指军队长期在外。

④ 殚货：殚，耗尽。货，物资。这里指物资耗尽。

⑤ 三载：此处泛指多次运输。

⑥ 贵卖：这里指物价高企，货物昂贵。

⑦ 货也：此处有用物资奖赏之意。

译文

孙武说，调动军队作战的一般规律是，当你动用轻战车千辆，辎重车千辆，士兵十万人，还要向千里之外运送士兵的粮食时，前后方的经费，再加上迎来送往宾客使节、采购胶漆器材、补修车辆盔甲的费用，每天都要消耗千金，这样十万人的军队才能运转起来。

动用这样的军队作战，重要的是战胜敌人。战争时间久了会使军队疲惫，挫伤锐气，攻城战会使军队战力耗尽，军队长期在外会给国家财政造成困难。如果军队疲惫，锐气挫伤，战力耗尽，国家财政困难，那么其他国家就会趁机起兵，到那时，就算有智慧的人也没法善后了。因此，只听说过用拙计速战速决的战例，没见过用巧计来长久作战的。战争旷日持久而有利于国家的事情，从来没有过。因此，没有完全了解战争的害处的人，也是不能了解战争的益处的。

擅长用兵的人，征兵不会征两次，粮草不会多次运输。军需取用国内的，但粮草要在敌国就地解决，这样才可以保证军队的充足补给。国家因打仗而财政困难是因为远途运输，远途运输会导致百姓穷苦；而且靠近军队集结的地方物价会涨，物价涨就会让百姓耗尽财产，耗尽财产就会导致加重赋役。军力耗尽，财政困难，国内家家空虚。这时，老百姓的财产已被耗去七成了；政府的军费，也会由于修理战车，医治马匹，制造盔甲、弓箭、长戟、盾以及运输辎重的牛车，被耗去十分之六。

所以，聪明的将领一定会从敌人手中获得粮草，吃敌人的一钟粮食，等于从本国运送二十钟粮食；用敌人的一石草料，等于从本国运送二十石草料。要让士兵奋勇杀敌，就要使他们同仇敌忾，气势盛；而要让士兵勇于夺取敌人的财物，就要用夺来的物资奖赏他们。所以，在车战中，凡是缴获敌人战车十辆以上的，就要奖赏率先夺取战车的人，并把车上的旌旗换成我方的，把战车混合编入自己的队伍中使用。要善待、收用俘虏的士兵。这就是人们所说的：战胜敌人，同时壮大自己。

因此，用兵重要的是快速取胜，而不宜持久作战。懂得用兵的将领，掌握着百姓的命运，也影响着国家的安危。

现代战争应用

探析战争与成本，让对手埋单的艺术

每个人都渴望和平，可战争从未停止。

有记载的人类文明史约 6000 年，据不完全统计，在历史长河中，只有 300 多年完全没有发生战争，这样算来，完全没有发生战争的时间只占人类文明史的百分之五左右。虽然我们生活在没有战乱的国家，坐拥和平多年，但放眼世界我们就会发现战火并未停歇。

我们只看最近 20 余年。

自 2001 年起，美国入侵阿富汗，至今战乱不止。

自 2011 年起，叙利亚陷入内战，百姓苦不堪言。

自 2011 年起，利比亚政府和反对派武装发生冲突，战火至今燃烧。

自 2015 年起，也门政府军与胡塞武装发生冲突，美国与伊朗斗法。

自 2022 年起，俄罗斯与乌克兰发生冲突，美国与俄罗斯博弈加剧。

既然战争难以避免，我们该如何认识战争带来的影响，又该怎么取得真正意义上的胜利呢？

《孙子兵法·作战篇》从战争成本的角度，告诉我们"兵贵胜，不贵久"的道理，速胜为贵，若久拖不决，轻则将国家拖进泥潭，重则置国家于死地。很多读者可能对战争成本没有太清晰的概念，有的人还会认为通过战争解决矛盾十分有效且充满勇气、豪情，认为那些用来打仗的钱该花就要大胆花。但是，如果我们静下心来仔细研读《作战篇》就不难发现，从孙武笔下的古老"战争账本"里，能窥见战争最无情、最残忍的模样，稍有不慎，高昂的战争成本就会将普通人的生活拉进地狱，更可能会撕裂、毁灭一个国家。

开篇，孙武全面分析了战争成本的基本结构。在那个年代，车辆、辎重、人员都需要耗费巨大的钱财，此外，粮草运送也是一大开销，再加上外交花费、装备维修花费等，"日费千金，然后十万之师举矣"，熊熊燃烧的经费维持着军队的正常运转。从战国时代穿越到今天，我们会发现战争成本更令人咋舌，"力屈""财竭"的问题更易发酵。

让我们先来看一组官方数据。根据美国国防部统计，从2001年"9·11"事件到2007年，美国政府一共在反恐战争中用掉了5270亿美元。在2001年，中国的国防支出约合170亿美元，也就是说美国在6年多的时间里用于反恐战争的开销是中国2001年国防支出的31倍。显然，美国国防部的这一统计是大幅缩水后的结果，真实数字远比官方数据要骇人得多。

俄乌军事冲突的战争成本更让人冷汗涔涔。据外媒报道，从2022年1月到2023年1月，美国已向乌克兰提供了大约775亿美元的军事援助。七国集团的一份声明则指出，2022年为乌克兰募集到327亿美元的援助。粗略计算，在约一年的时间里，乌克兰就拿到了约1102亿美元，即便如此，到处

"化缘"的泽连斯基依旧要喊一嗓子"远远不够！"。

我们再来算一笔战争账，要想打一场现代化战争主要需要养两只"吞金兽"。

第一只"吞金兽"——武器装备。武器装备是战争的物质基础，要想获得先进的武器装备，就要拿出研发、制造、购买、维护的费用。而一旦开战，再先进的武器装备也难逃成为"消耗品"的命运。以海湾战争为例，这场战争虽堪称"兵贵胜，不贵久"的典范，但仍花了 611 亿美元，平均每天耗资 11 亿多美元，就连当时的"大富翁"美国都难以承受。一枚"爱国者"导弹约 110 万美元（按当时数据估算，下同），一枚"战斧"巡航导弹约 130 万美元，一架 F-15 战斗机约 5040 万美元，一架 F-117A 隐身战机约 1.06 亿美元，一辆 M1A1 坦克约 300 万美元……战争中多国部队部署在海湾战争的武器装备总价值更是超过了 1000 亿美元。

第二只"吞金兽"——后勤补给。无论是物资补给还是弹药补给，都离不开一个"钱"字。现代战争打的就是后勤保障，有任何一个保障环节掉链子，参与战争的一方都有可能因无法持续而导致失败。在第四次中东战争中，"钱"就起到了扭转局势的神奇作用。面对叙利亚和埃及联军的凌厉攻势，以色列不仅损失了大量的武器装备，弹药补给更要"断炊"，一度陷入被全面占领的危机。美国前总统尼克松随即展开"五分钱救援行动"，下令美国空军"把所有能飞的玩意都飞到以色列"，为以色列补给了大量物资，这才助以色列解除了后勤补给危机，反败为胜。

"不尽知用兵之害者，则不能尽知用兵之利也"，战争引发的负面效应不仅是耗资甚巨，在全球化难以逆转的今天，"兵之害"的后劲已超出"民之司命，国家安危"的范畴，变得十分可怖，甚至会拖全世界下水。比如，我们刚刚提到的第四次中东战争就引发了第一次石油危机，阿拉伯国家不满美国对以色列的庇护，决定通过减少产量和实施石油禁运等手段，使原油价格从 1973 年的每桶不到 3 美元，涨至每桶超过 13 美元。原油价格疯涨的效果立竿见影，西方国家经济一片大乱，最终引发第二次世界大战后资本主义世界最大的一次经济危机（1973—1975 年）。

俄乌军事冲突所带来的损失也是全球性的、巨大的，甚至可以说是难以估量的。俄乌军事冲突的本质是美俄的混合战争。混合战争是指在战略层面综合运用政治、经济、军事、外交、舆论、法律、文化、意识形态等综合手段打击对手，是战争界限更加模糊、组合力量更加多元、作战模式更加融合、制衡手段更加灵活、攻击手法更加隐蔽的新型战争行动。俄乌军事冲突牵一发而动全身，在俄罗斯特别军事行动开始之后，随之而来的就是严重的能源危机、粮食危机、金融危机、难民危机、人道主义危机等，其惨痛后果只能由全球"买单"。

现代战争的成本如此高昂，再强大的国家都难以承受。转嫁战争成本，拖累其他"小伙伴"为战争"买单"变成常规操作。

这一点，美国轻车熟路。

简单来说，美国转嫁战争成本的逻辑是在其发动的战争中，最多做到出人、出装备，维持军队的费用则主要由其盟国承担；再通过出售武器装备大赚一笔，同时掠夺其他国家的资源，以谋求长期经济利益。这已成为美国靠战争发财的主要商业模式。

我们应该看到，虽然美国靠战争发财，但这种商业模式也有转不起来的时候。随着战争对全球经济的影响进一步扩大，战争的不确定性使得油价高企，在 2008 年金融危机之前，油价狂飙到 140 多美元一桶。

这回谁来"买单"？

全世界经济体。

或许这样的经济代价对普通人来说还不算难以承受，但如果你生活在发生战争的国家，将有完全不同的感受。首先，国家在战争状态中时会大幅提高税率，比如平时月入一万元需缴纳个税一千元，那么在战时一个月可能需缴纳五千元的个税。其次，通货膨胀也是无法避免的问题，这就意味着老百姓不仅收入大幅下降，还要面对高涨的物价。再次，还有大批人生正当时的年轻人不得不中断学业奔赴战场，有的身心遭到巨大创伤回到家乡，即便这样，也无法排除不能及时拿到抚恤金的可能性，有的则将生命永远留在了战场。

说到底，任何一场战争，无论发动者如何转嫁战争成本，最后"买单"的依旧是每一个普通人。

伊朗和伊拉克长达 7 年 11 个月的两伊战争，死伤百万，耗资近万亿美元，直接伤到了伊拉克这个中东强国的根本。战前，1980 年伊拉克人均 GDP 约合 3000 美元，同年韩国人均 GDP 约合 1700 美元。一场战争使得两国经济发展水平至少倒退了 20 年。这场没有赢家的消耗战，给伊拉克带来了巨大的经济损失，并因此背负巨额美元债务。巨大的经济压力使之盯上了债主邻居科威特，这也是萨达姆执意入侵科威特的主要原因之一，继而引来了使伊拉克陷入更大浩劫的海湾战争。

《孙子兵法》中的第二篇虽然名为"作战"，但事实上全篇都聚焦在战争成本上。当我们随着孙武的文字翻完战争这本账的时候，我们都对战争带来的灾难有了基本的认识。不过，即使每一个人都明确知晓战争会带来什么，战争依旧无法避免。

既然无法避免，《孙子兵法》向我们揭示的通用古今且屡试不爽的方法论"取用于国，因粮于敌"就要变得至关重要。2000多年来，中外知名与不知名的将领都遵循着孙武的战争智慧，极尽所能去实现"吃掉敌人的同时壮大自己"的目标。

第二次世界大战时期，纳粹德国的轴心国伙伴意大利在希腊遭遇"滑铁卢"。墨索里尼本来计划得很好，用数周时间占领希腊，不料，他为希腊人准备的炮弹最后都砸在了本国军队的头上。1940年，想要创造战争奇迹的墨索里尼集结了8.5万兵力向只有3万兵力的希腊发起进攻，意军看着优势明显却于半途遭劫。进攻开始4天后，希腊军队就奇袭了意大利军队一后勤兵站，缴获了大量军需物资，战场局势立刻发生改变，希腊人用意大利军队的物资，像牧羊犬赶羊群一样将意军赶出国土。

对比意大利入侵希腊之初的装备数量，我们就会发现，一半的坦克和火炮（希腊军队缴获意军80余辆坦克、300余门火炮）都成了希军的战利品。只是这些损失并没有让墨索里尼清醒，次年3月他又发动第二轮入侵，若不是希腊用光了缴获意军的物资，再加上没有自己的军工产业，只怕意大利会输得更惨。

如果说"智将务食于敌"，聪明的将领吃掉敌人的军需只是"初级玩法"，那么"胜敌而益强"则是"高阶玩法"了。

也就是说，光是用敌人的物资充实自己还不够，把敌人的力量变成自己的力量才是最高级的打法。

不仅如此，合理的"掠夺"人口也是现代战争中频繁使用的手段。人口与土地一样都是战略资源，不可或缺，谁拥有更多的人口资源，谁就拥有更大的战争潜力。第二次世界大战期间，德军和日军就是苦于兵源严重不足，尽管有战败国仆从军补充，但各自心猿意马，士不用命，败局必然成定数。俄乌军事冲突期间也是如此，俄罗斯吸纳大量乌克兰人加入俄罗斯国籍，其本质也是在消耗乌克兰的人口资源。

战场需要控制成本，商场也是一样，《孙子兵法·作战篇》始终在指导我们的工作和生活。如果说孙武提到的在战场上控制成本是为了应对复杂、持久战争的严峻考验，达成最终打赢战争的目的，那么在商场上控制成本就是为了获取更大的经济效益，这无异于打赢另一场以盈利为目的的战争。

商场如战场

颠覆性创新是 30% 以上的成本降低

看到《孙子兵法》的"作战篇"，如果你望文生义，想看到烽火连天的作战场面，肯定是要失望的。本篇的内容，其实是"计"的延伸，只不过更细化了，那就是计算战争的成本有多少。

战争像一座浮在海面上的冰山，我们能看到的往往是海面以上最显而易见的部分，也就是交战过程本身，跌宕起伏的战争场面甚至让很多军事爱好者感到血脉偾张，但这其实只是冰山的一部分，战争中藏在海面以下的部分其实是一个国家的综合实力，如"计篇"所讲，综合实力需要考察很多方面，而在本篇中，孙武主要强调的是与战事直接相关的战争成本等内容。

在商业领域，成本的重要性更加明显。克莱顿·克里斯坦森曾提出颠覆性创新理论，该理论探讨了新技术和新商业模式如何在市场中颠覆传统的产品、服务或行业。

这种创新是指新技术或商业模式的出现，以更简单、更便宜、更便捷的方式满足新市场或满足现有市场的需求，从而逐步取代传统产品、服务或行业。其理论中最重要的观点便是"颠覆性创新通常需要实现至少30%的成本降低"。根据克里斯坦森的研究，颠覆性创新通常涉及创造一种产品或服务，其成本比现有解决方案低至少30%。这样的成本降低可以使新解决方案更具吸引力，特别是对于那些之前因高成本而被排斥的消费者或市场。这种更经济、更简单的解决方案能够吸引一些新的消费者，从而开创新的市场。

此外，迈克尔·波特也明确提出过竞争战略的基本类别：总成本领先战略、差异化战略、聚焦战略。其中，排在第一位的便是总成本领先战略。在企业的产品与服务质量不受影响的前提下，为了实施总成本领先战略，企业需要扩大生产规模、积累经验、控制成本和日常费用，远离利润微薄的客户，尽最大可能降低研发、服务、营销等领域的成本。

埃隆·马斯克的太空探索技术公司以极具成本优势而著称。他在一次采访中提到，一枚普通的火箭通常造价在3000万～3500万美元，但如果应用火箭回收技术，成本能降低70%。他的目标是将每次发射的成本控制在200万美元左右。如果能实现这个目标，那普通人也能负担得起太空旅行了。

制造火箭是一个庞大的工程，为了降低成本，马斯克的公司在设计星舰时采用了颠覆性创新的材料——不锈钢。以前大多数火箭都使用昂贵的铝或碳纤维，但马斯克选择了不锈钢，不锈钢不仅能耐高温，还可以多次重复使用，这为未来人类的太空旅行商业化提供了可能性。此外，星舰使用的燃料是液态氧和液态甲烷，这是因为液态甲烷的性价比很高，而且火星大气中含有丰富的甲烷，这意味着未来星航可以在火星上就地取材。这些创新会让太空旅行变得更加可行和实惠。

关于成本，孙武强调打仗最重要的是打胜，打得精彩、打得持久都不如快速打胜更重要。而且，比起"百战百胜"，孙武显然更喜欢"一战定乾坤"，因为战事一旦拖久了，就会产生一大堆问题，军队战力和士气都会下降，国家长期供养军队打仗也会导致财政困难，此时就容易让敌人乘虚而入，这是很危险的。

速战速决的战略意味着在竞争中要迅速击败敌人，避免长期的战争，以节省资源并获得最大利益。在商业领域，这可以被解释为快速进入市场并迅速占据领先地位，以获得最大的市场份额和利润。同时，避免长期竞争和资源耗费，因为这会导致资源耗竭。也就是说，持续的价格战会大幅降低企业利润，消耗资源。

在商业领域，追求快速高效可谓是孙武思想的最佳诠释。

一流的时尚品牌 Zara 以其高效的供应链管理而著称。Zara 通过实现快速设计、生产、配送和销售产品的流程，以最小的时间成本将最新潮的时尚信息迅速传递给消费者。Zara 采用了"快时尚"模式，每种商品只少量生产，避免了库存过剩，从而降低了库存成本并始终保持产品的新鲜感。

亚马逊创始人杰夫·贝索斯从公司创立之初就高度注重效率和创新。亚马逊起初只是一个在线书店，但贝索斯凭借出色的效率将其发展成为全球最大的电子商务平台之一。亚马逊成功的原因之一就是对效率的极致追求。

值得一提的是，亚马逊在物流和配送方面实现了高效。亚马逊采用先进的仓储和物流技术，构建了高效的全球物流网络，确保商品能迅速、准确地送到客户手中。亚马逊通过自动化设备和智能化系统，高效地处理订单和管理仓储，大大缩短了订单处理和配送的时间。在创新物流策略中，亚马逊使用机器人进行仓库内的货物搬运。首先，仓库内需要部署传感器和扫描设备，如激光传感器、相机等，以实时扫描和创建仓库内部的地图。然后基于实时更新的地图，机器人配备的导航算法能够规划最有效的货物搬运路径。可自主导航的机器人能够沿着预先规划好的路径自动行驶，机器人之间还可以通信和协作，优化搬运路径，避免相撞，极大地提高了物流效率。

对于企业来说，当决定进入市场中的一条新赛道的时候，无异于开启一场战争，因为这需要消耗企业的人力、物力和财力，在新赛道中打拼还不一定会获得怎样的结果，有可能一飞冲天，也有可能全军覆没。所以一定要慎重，并需充分考虑成本问题，永远不要低估"计"的作用。

第三章

谋攻篇

思维导图

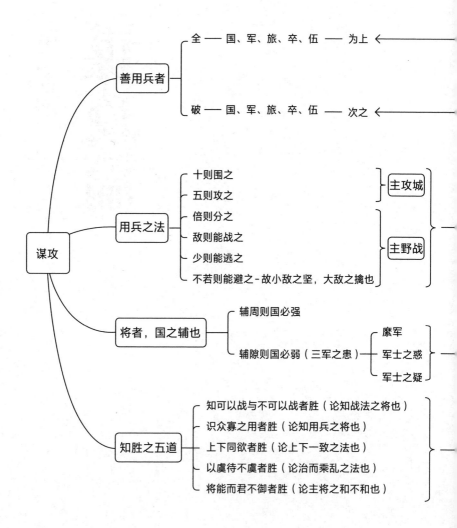

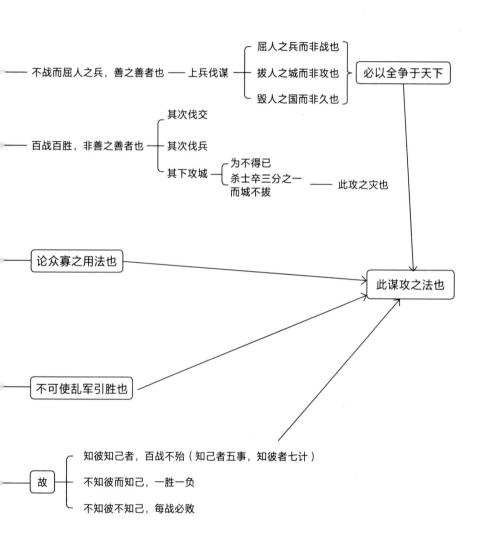

── 不战而屈人之兵，善之善者也 ── 上兵伐谋 ┌ 屈人之兵而非战也 ┐
                                          ├ 拔人之城而非攻也 ├ 必以全争于天下
                                          └ 毁人之国而非久也 ┘

                              ┌ 其次伐交
── 百战百胜，非善之善者也 ──┼ 其次伐兵
                              └ 其下攻城 ┌ 为不得已
                                          ├ 杀士卒三分之一 ── 此攻之灾也
                                          └ 而城不拔

── 论众寡之用法也 ────────────────── 此谋攻之法也

── 不可使乱军引胜也

    ┌ 知彼知己者，百战不殆（知己者五事，知彼者七计）
── 故 ┼ 不知彼而知己，一胜一负
    └ 不知彼不知己，每战必败

原文

孙子曰：凡用兵之法，全国为上，破国次之；全军为上，破军次之；全旅①为上，破旅次之；全卒为上，破卒次之；全伍为上，破伍次之。是故百战百胜，非善之善者也；不战而屈人之兵，善之善者也。

故上兵伐谋，其次伐交，其次伐兵，其下攻城。攻城之法，为不得已。修橹轒辒，具器械，三月而后成，距闉，又三月而后已。将不胜其忿而蚁②附之，杀③士三分之一而城不拔者，此攻之灾也。

故善用兵者，屈人之兵而非战也，拔人之城而非攻也，毁人之国而非久也，必以全争于天下，故兵不顿而利可全，此谋攻之法也。

故用兵之法，十则围之，五则攻之，倍则分之，敌则能战之，少则能逃之，不若则能避之。故小敌之坚，大敌之擒也。

夫将者，国之辅也，辅④周则国必强，辅隙⑤则国必弱。

故君之所以患于军者三：不知军之不可以进而谓之进，不知军之不可以退而谓之退，是谓縻⑥军。不知三军之事而同三军之政者，则军士惑矣；不知三军之权而同三军之任，则军士疑矣。三军既惑且疑，则诸侯之难至矣，是谓乱军引胜。

故知胜有五：知可以战与不可以战者胜；识众寡之用者胜；上下同欲者胜；以虞⑦待不虞者胜；将能而君不御者胜。此五者，知胜之道也。

故曰：知彼知己者，百战不殆⑧；不知彼而知己，一胜一负；不知彼，不知己，每战必殆。

注释

① 旅：古代军队的作战编制单位，旅为 500 人，卒为 100 人，伍为 5 人。但春秋以后各诸侯国军队编制并不完全一致。

② 蚁：像蚂蚁一样。

③ 杀：减少、削减。

④ 辅：原指辅木，后引申为辅助、辅佐。

⑤ 隙：形容相互之间不合适。

⑥ 縻：有羁绊、牵绊、控制之意。

⑦ 虞：准备。

⑧ 殆：危险。

🌀 译文 🌀

　　孙武说，战争的原则是，不交战使敌国举国屈服是最好的，以武力攻破敌国就稍差一些；不交战使敌人全军降服是最好的，以武力攻破敌军就稍差一些；不交战使敌人全旅降服是最好的，以武力击溃一个旅就稍差一些；不交战使敌人全卒降服是最好的，以武力击溃一个卒就稍差一些；不交战使敌人全伍降服是最好的，以武力击溃一个伍就稍差一些。所以，百战百胜算不上高明中最高明的，不交战就降服敌人的军队，才是最高明的。

　　因此，用兵的上策是挫败敌方的战略计谋，其次是用外交手段扰乱敌人，再次是用武力击溃敌军，最差的策略才是攻打敌人的城池。攻城，是没有办法的办法。制造高橹和四轮战车，准备攻城的所有器具，要用上几个月的时间；构筑攻城用的土山，起码又得几个月。如果将领克制不住焦躁情绪，命令士兵像蚂蚁一样爬墙攻城，即使士兵伤亡三分之一，城池也依然攻不下来，这就是强力攻城带来的灾难。

　　擅长用兵的人，不通过打仗降服敌军，不通过攻城取得城池，不通过长期作战摧毁敌国，在争夺天下的过程中要用万全的谋略，这样兵力没有受损，利益也可保全。这就是用谋略攻伐的方法。

所以，作战的原则是：兵力是敌人的十倍时，就实施包围战略；兵力是敌人的五倍时，就实施进攻战略；兵力是敌人的两倍时，就实施分散敌人逐个击破的战略；与敌人兵力相等时，就要努力抗击敌人；兵力少于敌人时，就要想办法摆脱敌人；实力比敌人弱时，就要避免正面决战。弱小的一方若死拼固守，就会成为强大敌人的俘虏了。

将帅，好比支撑国家的辅木。将帅辅佐得力，国家必定强盛；辅佐不力，国家必定弱小。

国君可能使军队受害的情况有三种：不懂军队不能前进而硬让它前进，不懂军队不能撤退而硬让它撤退，这叫作牵绊自己的军队；不懂得军队内部事务而干预军队行政，这会使将士困惑；不懂得军事方面的灵活机动却干预指挥，会引起将士的疑虑。将士既困惑又疑虑，列国诸侯就会乘机发难，这就是自乱阵脚导致敌人胜利。

能预知取得胜利的情况有五种：知道什么情况可以作战、什么情况不可以作战的会取胜；了解兵力多和兵力少不同情况下的作战方法的会取胜；上下一心，有共同目标的会取胜；准备妥当的对抗没有准备的会取胜；将领有才能，国君不掣肘的会取胜。这五条，就是预知胜利的方法。

所以说，既了解敌人，又了解自己，怎样作战都不会有危险；不了解敌人，只了解自己，获胜的可能性只有一半；既不了解敌人，又不了解自己，那每次作战都会失败。

现代战争应用

穿越硝烟与谋略，真正善战的人不战

"信但用孙武一两言，即能成功名。"在王安石看来，韩信只用了孙武的一两个计谋，就完成了灭楚兴汉的大业。当我们将目光锁定在《孙子兵法·谋攻篇》时，会发现这一章堪称重量级的一章，整章都在围绕"胜利"这一主题展开，但如果我们试图对标韩信，希望能从"一两言"里找到制胜计谋，恐怕多少会有点失望，因为孙武要说的是战略上的胜利，而非战术上的胜利。

且看孙武的战争原则，简单来说就是能不战就不战，如果不得不战，也要尽量压缩战争的代价。"不战而屈人之兵"才是"善之善者也"，试问还有比不战就能胜更妙更绝的胜利吗？

　　钱学森先生曾说过："手里没剑和有剑不用，是两码事。"当我们回望中国百年屈辱和"两弹一星"的历史，再看看因国防薄弱而遭到侵略的科威特、内战不断的叙利亚等国，我们会更理解为什么孙武将"不战而屈人之兵"视为最高明的策略，会更明白和平发展的机遇来之不易，亦会更明白"战略威慑"这四个字背后的意义——一个国家没有强大的国防，就会陷入战火，沦为强国口中之鱼肉。可以说，军事斗争的准备是永无止境的。中国之所以能拥有长期的和平环境，与"两弹一星"密不可分，也与解放军加强现代化作战能力息息相关，这都是"战略威慑"使然。

　　第二次世界大战后，许多国家将"战略威慑"作为主要军事策略。

　　通过非战争军事行动实现军事威慑，达到政治意图，是最常见的"战略威慑"手段。

　　这方面，美国绝对是行家里手。

　　美国国防部数据显示，据不完全统计，2006 年美军每年在亚太地区举行的大大小小的联合演习和联军演习共约 1500 次。时至今日，美国联合别国军演次数仍令人瞠目，日媒称，2022 年仅日美联合演习次数就多达 51 次。这些大大小小的演习不仅检验了武器装备性能和军队战斗力，也显示出美国军事力量的有效性，以此威慑对手，达到"不战而屈人之兵"

的效果。

不过，到处威慑别国的美国，也有被威慑的时候，看美国如何从"帝国坟场"阿富汗魔幻撤退即能探知一二。

阿富汗战争始于2001年。

战争之初，以美国为首的联军誓要消灭"基地"组织和庇护"基地"组织的塔利班。讽刺的是，20年过去了，这场旷日持久的战争却以一种十分奇特的方式结束，那就是美国在全世界惊诧目光的见证下，仓皇而无序地撤出了阿富汗。

2021年8月，阿富汗塔利班宣布发动全国总攻，在短短10天内就闪电般击溃了由美国支持的、如散沙一般的阿富汗政府军，阿富汗政府前总统加尼更是落荒而逃。

塔利班没费一兵一卒就完成两大战绩，一是和平占领首都喀布尔，人称"无血开城"；二是彻底赶走了在阿富汗盘踞20年的美国及北约军队。在塔利班"不战而屈人之兵"的过程中，有两个细节十分有趣。

第一个细节是美军不辞而别，悄悄撤退。据阿富汗政府军的说法，美军没有告诉巴格拉姆空军基地的新指挥官，在夜晚关掉电源就一溜烟跑了。说跑就跑的美军没告诉和其有"露水情缘"的阿富汗政府也便罢了，就连北约这个"亲戚"和亲美阿富汗人也没说。英国国防大臣华莱士将美国撤军定性为"是个错误"，但也许，这个"错误"是早就该做的决定。

"美国已经不是一个全球性大国，只是一个大国而已。"这是华莱士对美国的嗟叹。

第二个细节是塔利班十分"贴心"，为美国及北约军队开辟了一条逃跑路径，还规定了逃跑的截止日期。虽然拜登还想争取"宽限"，在"9·11"20周年后以胜利之姿凯旋，却遭到十分干脆的拒绝。

塔利班发言人说："如果他们延长了撤离时间，那就意味着他们延长了占领时间。"并补充道："如果他们想继续占领，那么塔利班将做出反应。"

于是，美军乖乖听话，准时走人。

只是撤退的过程太过混乱，从踩踏事件到军机起落架上人员坠落事件，很多阿富汗平民为活命却丢了性命。

阿富汗战争耗时20年，花掉了约2.26万亿美元，而打了17年的越南战争作为美国最惨痛的回忆，只花了1760亿美元。即使考虑通货膨胀，其花费也远小于阿富汗战争。耗费了如此多的金钱和时间，美国没有消灭"基地"组织和塔利班，建立起来的亲美政权也被瞬间推翻，反而是靠着恶斗了20年的敌人塔利班为其开辟逃跑通道才得以"全身而退"。

气急败坏的美国，现在仍拒绝承认阿富汗塔利班政府。

但，又有什么用呢？

无论一个国家是靠国防实力赢得和平机遇，是靠耀武扬威使对手俯首忌惮，还是靠战场上的压倒性优势让敌人望风而逃，其目的都是"不战而屈人之兵"。在理解孙武的用兵之法时，"不战"并不代表完全不出动军队、完全不付出代价，广义可概括为"战略威慑"，狭义则可理解为要靠必要的"小战"，付出极小代价完成战略目标，积"小战"而避免"大战"。

靠小战"屈人之兵"，从本质上来说，正是对孙武"不战而屈人之兵"的现代实践。

伊拉克战争中，以美军为首的盟军就将靠小战"屈人之兵"贯彻得十分到位。凭借其武器装备的技术优势，展开"震慑行动"，对伊拉克进行战略空袭。巡航导弹300多枚，精确制导炸弹3000多枚，几乎全部摧毁了巴格达、巴士拉等重要城镇的伊拉克政府设施，使伊拉克指挥系统基本陷入瘫痪。对于一场大规模的信息化战争来说，"震慑行动"付出的代价极小，取得的效果很好，伊军战斗力受到了严重削弱，最终萨达姆政权彻底被颠覆。

"上兵伐谋，其次伐交，其次伐兵，其下攻城"，顺着"不战而屈人之兵"的逻辑去理解这句话，即挫败敌人的战略计谋要优于用外交手段去扰乱敌人，出兵打仗是迫不得已的决定，最差的选择就是攻城。

在孙武的时代，攻城代价十分高昂，不仅要花大量的时间和精力准备攻城器具、建造攻城工事，攻城的时候还要损失约三分之一的兵力。即便这样，也未必能成功攻取城池。两千多年过去，孙武的胜战逻辑依然适用。美海军陆战队的一名前高级将领曾说："有经验的军事指挥官往往把城市战作为最糟糕的一种选择。"换个角度去看城市战，很多职业军人都将其视为没有绝对胜者的一种作战形式，因为交战双方付出的代价过于高昂，即便胜利，也是用无数血肉堆出来的。

战争让我们恐惧，城市战让战争恐惧。

虽然大家都对攻城的残酷心知肚明，但是战争一旦开始，城市就不可避免地成了必争之地。

这就是为什么在现代战争中，城市是最有可能被战火荼毒的地方。

顺化是越南古都，意为和平、融洽，1968年发生在这里的顺化战役，却使这座越南人的"精神堡垒"成为"血肉磨坊"，全城基本被毁，越南北方人民军损失数万人。顺化战役成为越南战争中最为血腥和漫长的战役之一。

相信在顺化之战初期，许多美军都想起了第二次世界大战时期巷战的苦涩经历。在顺化，越南北方人民军和越共游击队藏匿在城市的各个角落进行射击，四面八方的枪林弹雨让美军损失极大，最后美军用军舰、飞机、大炮摧毁了整个顺化城。

"为了拯救这个城市，我们不得不毁灭它。"美军在战后如是说。事实上，这是用重炮实现少数人对多数人的屠杀。无论美军如何看待这场战争，我们都能从中感受到城市战的血腥和残酷。

除了顺化战役，历史上的类似"绞肉机"的城市战还有不少。

1942—1943年斯大林格勒会战，苏、德双方共计100万人死亡。

1945年柏林巷战，苏军伤亡30多万人，德军伤亡30多万人，被俘48万人，平民伤亡更是多达20万人。

1993年摩加迪沙之战，又称"黑鹰坠落"事件，美军在索马里"维和"惨败，索马里人拖着美军的尸首游街示众，血腥场面震惊世界。

1995年格罗兹尼巷战，据俄军士兵回忆，千人规模的旅最后打得只剩下10个人，这一战成为"战斗民族"挥之不去的梦魇。

和以上这些城市一样，同样经历过"绞肉机"的摧残，成为"喋血之城"的，还有马里乌波尔和巴赫穆特。

俄乌双方军队反复争夺马里乌波尔和巴赫穆特，最终俄军不得不在马里乌波尔亚速钢铁厂使用重型轰炸机进行轰炸，而巴赫穆特战役则堪称当代"绞肉机"，俄乌交战双方都付出了沉重的代价。凡以获取土地为目标的战役都会惨烈无比，寸土必争的背后就是尸骨成山。

"屈人之兵而非战也，拔人之城而非攻也，毁人之国而非久也"，今天，最好的胜利，仍然是以最少的流血牺牲取得的胜利。己方伤亡越小，获利越多，就越能在国际舞台上获得更大的政治影响力和权威。

本着这样的战略目标，孙武给出了用兵之法："十则围之，五则攻之，倍则分之，敌则能战之，少则能逃之，不若则能避之。"简而言之，就是军事力量越强，对敌人形成的压迫越大，就越能以最小的代价获取胜利，反之，则会落个"以卵击石"的下场，比如2008年的格鲁吉亚。

2008年8月8日，国土面积比重庆市还小的格鲁吉亚，主动向驻扎在南奥塞梯首府的俄军发起进攻。

关于主动出击这方面，格鲁吉亚前总统萨卡什维利倒是很"懂"用兵之法，首先对南奥塞梯首府茨欣瓦利进行"围之"。遗憾的是，萨卡什维利忽略了非常重要的一点，在孙武的用兵之法中，欲"围之"，需兵力十倍于敌人，而格鲁吉亚陆军部队还不足两万人。于是，上午格军包围了茨欣瓦利，下午俄军就伴着落日余晖扫清了其外围防御，并于第二天凌晨完成了对茨欣瓦利的围困。

此时，普京正坐在鸟巢的观众席上。

接下来的战况并不难推测，完成围困之后，俄空军深入格鲁吉亚境内轰炸，机场、港口等重要目标陷入火海，格军仅有的几十架战机更是无法与俄军抵抗。鞭长莫及的北约和美国都没有伸出援手，萨卡什维利就这样把他的祖国推入险境。仅仅过去五天，格鲁吉亚即被"打瘸"，这场"五日战争"毫无悬念地画上了句点。

"围之""攻之"，是兵力处于明显优势时才可以选择的战法，与没有认清形势就挑衅强者的格鲁吉亚相比，美军最擅长"牛刀杀鸡"，教科书级别的以大欺小。

比如 1989 年发动的巴拿马战争，为争夺航运咽喉巴拿马运河，美军派出 2.7 万人，兵分多路向重要目标发动进攻。武器装备方面都具有碾压性优势，未入役的隐身战斗轰炸机 F-117A 对巴拿马军事目标进行了精确轰炸。仅用了 15 小时，美军就攻取了巴拿马城，以极小的代价实现了战略目标。

格林纳达，国土面积不及中国香港的三分之一，却是扼守着加勒比海出入大西洋门户的战略要地。很多人第一次知道这个岛国的名字，还是因为美国的入侵。1983 年，美国采用突然袭击手段对格林纳达发动攻击，共出动 15 艘军舰，1.8 万人的作战部队，230 架飞机和直升机。

而格林纳达的总兵力，只有 2000 人。

和巴拿马一样，格林纳达在压倒性的优势面前，一切反抗都是徒劳。

值得注意的是，虽然我们看过很多凭借十倍，乃至百倍、千倍优势军力而取胜的例子，但战争始终是意志与意志的冲突，并不完全是武器对抗武器，科技对抗科技。因此，孙武在《孙子兵法》中也做出了提醒，将帅也好，国君也罢，一旦意志不统一，开始"瞎指挥"，将抵消掉兵力带来的胜算，甚至会使国家衰亡。

"辅周则国必强，辅隙则国必弱"，我们一起来看看将帅作为指挥者如何将优势转化成劣势。

1980 年 4 月，为解救伊朗人质危机中被伊朗政府扣押的 53 名人质，美国的将帅和政客们制定了一个集难以理解和难以实施为一体的"奇葩"计划。这个计划不仅需要多军兵种联合作战，多个作战单位参与，还要使用不同交通工具多次转机换乘。这般神奇的作战计划是如何炮制出来的？

一方面，五角大楼里的陆海空及特种部队各方都想争夺主导权，导致这次作战行动参与策划的人员越来越多。另一方面，在计划实施阶段频频遭遇各种意外，各军兵种没有协调好，就连跨军兵种的通信都是"老大难"。指挥不当导致满盘皆输。正因如此，这次行动的"流产"就一点儿也不让人感到意外了。

将帅指挥不当酿成的恶劣影响远不止"失败"这一种，伊朗人质危机让卡特政府颜面尽失，导致卡特总统连任失败的同时，还打击了美国民众对军队的信心。

我们再来看看希特勒。虽然希特勒创造了很多胜利，但纳粹德军的很多重大失败都和希特勒干预前线指挥不无关系。在莫斯科战役中，就在德苏两军鏖战的关键时刻，希特勒私自将一部分预备队调往基辅，支援对基辅的争夺。此举削弱了德军的进攻能力，最终德军付出了 50 万人伤亡的惨烈代价，奏响彻底覆亡的前奏。几经失败，德国纳粹再也没有机会"在蒙羞的地方雪耻"了。

美国陆军四星上将大卫·铂金斯曾表达过与孙武一脉相承的观点，他认为要赋予地面指挥官相应的责任和决策权，允许他们在上级意图范围内主动作为。2003 年 4 月，美军兵临伊拉克首都巴格达，美军特遣部队成功占领象征伊拉克政权的市中心建筑群，这就是震惊世界的"迅雷行动"。伊军本以为美军会一个街区一个街区地推进，没料到其装甲部队直接挺进了市区。最终，当电视播出美军占领萨达姆权力中心的画面时，城内伊军的战斗意志彻底丧失，萨达姆政权也随之倒台。

美军在本应残酷的城市作战中，以极小代价大获全胜的原因，与决策者充分信任前线指挥官有着很大的关系。在第二次突袭行动中，军长华莱士原以为第二旅会按照命令掉头返回，没想到部队直接挺进了市中心。震惊的华莱士听取时任第二旅旅长大卫·铂金斯的"直插重心，将战术胜利转化为战略成功"的意图后，充分认可了前线指挥官所创造的战机。

支持和信任，加上能够发挥主观能动性的环境，便创造出胜利的土壤。正如孙武所说，"将能而君不御者胜"，有才能的将领加上不掣肘的国君，成为胜利的条件之一。

《孙子兵法》中的胜战思想，至今仍影响战争，乃至政治、商场。对于现代战争而言，要想真正赢得胜利，关键在于夺取制信息权，这正是孙武"知己知彼，百战不殆"思想的延伸。"知己"就是要充分了解自己的能力，既不夸大，也不低估，客观评估己方战斗力能否碾压对手。"知彼"就是要充分了解对手的综合实力，不留任何信息死角，这也就是为什么一场大战爆发之前，"谍战"戏份会增加，毕竟战场信息是动态的，不能停留在过去的信息上洋洋自得。如今，不少国家的军队都经常搞"兵棋推演"，其本质就是要做到"知己知彼"，找寻对手的薄弱环节，从而战胜对手。美军最擅长对其他对手国家"抵近侦察"，就是要做到充分"知彼"。拾到篮子里都是菜，至于有用无用拿回去再说。

谋攻的关键在于制胜，制胜的关键在于夺取制信息权，古往今来，概莫能外。只是彼时的信息单一，获取渠道也单一，而如今的信息海量，获取信息的手段也千差万别，但目标是一致的，无论是战场，还是商场都是一样的。

商场如战场

《增长黑客》——集中资源快速打开局面

《孙子兵法·谋攻篇》是全书的核心。除了"不战而屈人之兵"的指导思想外，孙武还强调："故用兵之法，十则围之，五则攻之，倍则分之，敌则能战之，少则能逃之，不若则能避之。"孙武认为，"不战而屈人之兵"才是最高明的胜利，但如果真要开打，那一定要速战速决，拖得越久，成本越高，纵然获胜，效果也会大打折扣。那如何才能速战速决呢？答案就是集中优势兵力突破重点，打开局面。

同样，在商业领域，也强调速战速决。

《精益创业》这本书曾提出最小可行产品（Minimum Viable Product，MVP）这一概念。MVP是指以最小程度的投入创造出可以验证创意核心假设的产品或服务。这个产品不一定包含所有预期的功能，但应该足以吸引早期采用者并获取有价值的反馈。

第一，MVP允许创业者快速、低成本地测试他们的假设，了解市场需求和用户反馈是否符合预期。

第二，通过推出最小版本的产品，创业者可以更快速地迭代和改进产品，根据实际反馈进行调整，最终构建出符合市场需求的产品。

第三，MVP避免了大规模投入而可能出现的失败。它在最大程度上节约了时间、金钱和其他资源，集中于关键功能和核心价值。

另一本商业著作《增长黑客》中强调，好的产品具有"不可或缺"的特征，这是公司实现迅速、持续增长的基本条件，但快节奏的试验同样至关重要。增长最快的公司往往是学习最快的公司，开展的试验越多，也就意味着学到的东西越多。快速的市场反馈如同瞬息万变的战场，需要创业者不断相机抉择、与时俱进，集中优势资源快速向市场发起冲锋，才可让企业占得先机。

Groupon是一家以提供优惠券和团购服务为主要业务的公司。2006年，其创始人安德鲁·马森创建了一个名为"The Point"的网站。"The Point"旨在通过聚集人们的力量来实现共同的目标。然而，在"The Point"推出后的一段时间里，该平台并没有取得什么突出的成功，但创始人们注意到"团购"可能会是一个成功的方向，认为通过聚集大量购买者，可以为商家提供更有吸引力的折扣。这个理念形成了Groupon的基础。

Groupon 第一次真正成功的团购业务开展于一家位于芝加哥的比萨店。Groupon 提供了一项半价披萨的优惠券，这个优惠券在短时间内吸引了大量的购买者。为了快速发展，Groupon 最初主要通过电子邮件来传播其团购优惠。每天，Groupon 会向注册用户发送一封包含当天独特团购优惠的电子邮件。这些电子邮件具有简洁明了的设计，突出显示折扣和购买按钮，吸引用户点击了解并购买优惠。这种方式虽然传统，但简单直接，能够快速传达优惠信息给潜在用户。

快手和抖音是竞争激烈的短视频平台。曾经，快手秉持一种信念：过多投资于推广意味着产品本身的不足。快手常言："我们从未花费一分钱进行推广。"然而，抖音的创始人张一鸣却不这么认为，他选择了一条不同的路径。2019 年春节，张一鸣下定决心充分利用假期，全力推广抖音。他认为春节期间，人们有大量的空闲时间，娱乐是人们假期生活的主题。他让抖音团队提交一份推广预算方案，方案显示预算高达 8 天 1 亿元人民币。但张一鸣却询问首席财务官，最多可以动用多少资金？首席财务官回答说可以调动 5 亿美元。张一鸣果断拍板——8 天 5 亿美元，全部用于推广。事实上，正是从这次快速决策快速行动开始，抖音和快手拉开了巨大的距离。

这便是"速战速决"的威力。

第四章

形篇

思维导图

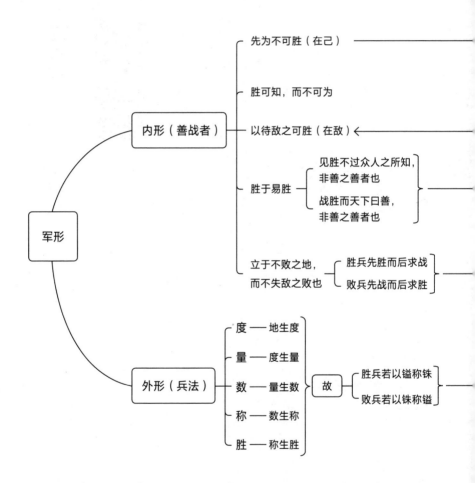

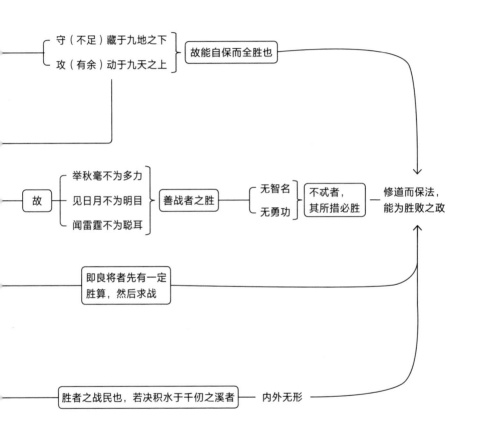

🎋 原文 🎋

孙子曰：昔之善战者，先为不可胜，以待敌之可胜。不可胜在己，可胜在敌。故善战者，能为不可胜，不能使敌之必可胜。故曰：胜可知，而不可为。

不可胜者，守也；可胜者，攻也。守则不足，攻则有余。善守者，藏于九地之下；善攻者，动于九天之上。故能自保而全胜也。

见胜不过众人之所知，非善之善者也；战胜而天下曰善，非善之善者也。故举秋毫①不为多力，见日月不为明目，闻雷霆不为聪耳。古之所谓善战者，胜于易胜者也。故善战者之胜也，无智名，无勇功。故其战胜不忒②。不忒者，其所措必胜，胜已败者也。故善战者，立于不败之地，而不失敌之败也。是故胜兵先胜而后求战，败兵先战而后求胜。善用兵者，修道而保法，故能为胜败之政。

兵法：一曰度，二曰量，三曰数，四曰称，五曰胜。地生度③，度生量④，量生数⑤，数生称⑥，称生胜。故胜兵若以镒称铢^⑦，败兵若以铢称镒。

　　胜者之战民也，若决积水于千仞之溪者，形也。

注释

① 秋毫：鸟兽在秋天新长出的细毛，比喻微小的事物。

② 忒：差错。

③ 度：这里指计量国土面积大小。

④ 量：这里指计量物产多少。

⑤ 数：这里指计算兵员多少。

⑥ 称：这里指对比敌我双方力量。

⑦ 镒、铢：古代二十四两（一说二十两）为一镒，二十四铢
　　　　为一两。作者要表达的是这两个单位之间相差的
　　　　倍数非常大。

译文

　　孙武说，过去擅长打仗的人，先要做到不可被战胜，再
等待时机战胜敌人。不可被战胜的关键在于自己，而能否战

胜敌人取决于敌人。因此，善于打仗的人能做到不可被战胜，但不能保证敌人一定可被战胜。所以说，胜利可以预见，但不可强求。

不能战胜敌人的时候，就防守；能战胜敌人的时候，才进攻。实力不足的时候，就防守；实力有余的时候，才进攻。擅长防守的人，好像将自己的兵力藏在很深很深的地下；善于进攻的人，好像带领自己的兵力从很高的天上突然出动。这样他们才能保全自己，并获得全胜。对胜利的预见和普通人差不多，不能算高明中最高明的；浴血奋战后取得了胜利，天下人都说好，也不能算高明中最高明的。这就好比我们能举起一根绒毛不算力气大，能看到日月不算视力好，能听到雷鸣也不算听力好一样。古时候所谓擅长打仗的人，总是战胜容易战胜的敌人，所以擅长打仗的人取得了胜利，不会有智慧的名声，不会有勇武的功绩，他们的胜利只是没有差错而已。没有差错的胜利，意味着他们的谋划和措施必然会导致胜利，他们只是战胜了必败的人而已。所以，善于作战的人，总是先保证自己不犯错误，然后再抓住敌人犯错误的机会。胜者都是先创造胜利的条件再去作战，而败者往往是先作战再寻求胜利。善于用兵打仗的人，能够修明政治，确保法度贯彻执行，所以他们能够掌握战争胜负的决定权。

兵法中预测胜负的根据有五条，一是"度"，二是"量"，三是"数"，四是"称"，五是"胜"。敌我双方的地域决定土地面积，土地面积决定资源，资源决定军队兵力，军队兵力决定实力，实力决定战争胜负。因此，胜利的军队与失败的军队相比，就像用镒与铢相比；而失败的军队与胜利的军队相比，就像用铢与镒相比。

军事实力占绝对优势的一方指挥士兵作战，就像从万丈高的山顶上倾泻而下的水流，势不可挡，这正是双方实力对比悬殊而造成的形势。

注：本篇中孙武想获得的高明的胜利，是建立在不败基础上的胜利，他讲的攻和守都是为这样的胜利做准备。这里值得一提的是，"守则不足，攻则有余"这句话曾在历史上出现过不同的版本，也就是"守则有余，攻则不足"。但人们结合上下文后，对二者的解读相差无几，前者的含义其实更接近"不足则守，有余则攻"，即没有实力的时候要低调防守，有实力的时候再出击。而对后者的解读是：我的实力用来防守勉强有富裕，但进攻就不够了。总之，不要在实力不足、胜算不大的时候贸然进攻。

现代战争应用

等待时机与胜利，战争本质永恒的揭示

"绝不是巧合。"

《孙子兵法》的战略思想萦绕在伊拉克战场上，贯穿在美军攻克巴格达的整体战略构想中，在美军前步兵军官马克·麦克尼利看来，这是一种必然。

伊拉克战争打响后，法新社也表达了同样观点，认为《孙子兵法》深刻影响着美英指挥官的思维和行动，甚至可以说，《孙子兵法》指引着美军战略上的胜利。

胜利，在人类的语言体系中，是一个多么充满诱惑的字眼。

先有取得胜利的准备，然后开战，是《孙子兵法·形篇》的核心。我们并不难理解孙武想传达的思想，没有必胜的准备就让自己陷入战争，这种做法十分鲁莽且愚蠢，比如始于1994年的第一次车臣战争。

开战之前，时任俄罗斯国防部长的格拉乔夫对叶利钦表示，对付这群土匪根本不需要详细的作战计划，胜利很快就会到来。如此轻敌的想法不仅国防部长一个人有，许多俄军士兵都认为去车臣首府格罗尼兹放几枪便能回家了。

再精良的武器装备，也无法挽救俄军盲目自信、不做充分准备而导致的灾难。俄军在进入格罗尼兹之前，不仅没有做好侦察工作，所使用的地图还是大比例尺的野战地图。按照惯例，应该使用能显示出整个城市建筑结构、兵力部署等详细信息的城防图。于是，对城内情况一无所知就贸然进城的俄军，毫无悬念地在格罗尼兹折戟沉沙。

整个城市堪称俄军炼狱，血水混合着泥浆，轰鸣的坦克碾过战士的尸体……第一次车臣战争就这样成为"一场拿人命堆起来的战争"。在反对声浪中，叶利钦不得已宣布停战撤出车臣，给第一次车臣战争画上了血淋淋的句号。

因车臣战争惨败，俄罗斯国际威望一落千丈，俨然成了一个满身是伤的"跛脚巨人"。普京上台后，将车臣分裂势力定性为恐怖分子，并在周密的准备下发动了第二次车臣战争。

1999 年夏天，俄罗斯出动了 10 万大军，配合 T-90 坦克、米格 -29 战机等先进武器装备，拿出了"牛刀杀鸡"的气势。战争期间，普京的强硬态度更是让人印象深刻，"我们将到处追击（车臣）恐怖分子，原谅他们是上帝的事……在机场抓住就在机场枪毙，在厕所抓住就把他溺毙在马桶里。"

同年，俄罗斯重新夺回对车臣的控制权，摧毁叛军主力的同时，在车臣扶植起亲俄政权。

当然，做好必胜的准备绝不是唯一要重视的方面，还要等待敌人可被战胜的时机，抓住敌人的破绽，这就是"先为不可胜，以待敌之可胜"。

做好必胜准备，抓住战争时机，并不是一件容易的事情。准备也好，时机也罢，有时极具欺骗性。你以为万事俱备，东风已来，现实却异常残酷地借用《孙子兵法》低声道："胜可知，而不可为。"

2022年9月，英国女王伊丽莎白二世去世，各国都表示哀悼的时候，只有阿根廷"画风诡异"，阿根廷的主持人甚至还在电视节目中开香槟庆祝。这是因何结仇？答曰：冷战时期规模最大的战役——1982年马岛战争。

为转移国内矛盾，阿根廷领导人加尔铁里决心从英国手里争夺马尔维纳斯群岛（简称马岛）主权。为打赢这场战争，阿根廷不可谓准备不充分，兵力、装备均强于英军。此外，阿根廷还占据着地理优势，马岛距离阿根廷500多千米，属于中近海作战，有军事基地、保障人员、装备。反观英国已是"日薄西山"，从本土到马岛需要跨越大半个地球，去到13000多千米远的远海作战。

阿根廷做好取得胜利的准备了吗？没错，看起来一切都安排妥当且将士们富有战斗激情。

找准胜利的时机了吗？是的。这时候英国海军的实力已退居二线，军队马放南山，大型航母刚刚退役，只有两艘难撑大局的轻型航母。

开局顺利吗？顺利。1982年愚人节这一天，阿根廷突袭马岛，不费吹灰之力就将岛上的100多名英军和警察控制了起来。

准备妥了，时机找准了，明明胜券在握，"潘帕斯雄鹰"却折翼了，到底哪里出了错？

第一大错，阿根廷没有完整的国防工业，武器装备全靠买，等于把命脉交予他人之手。

第二大错，错判自己与他国关系，没能预见到武器装备供应国会在马岛战争中倒戈。战争开始后，英国动用外交手段使北约和欧共体对阿根廷实施军事禁运，弹尽粮绝的阿军陷入被动。很快，制空权被英军夺走，阿海军军舰无奈变身为"活靶子"。

第三大错，阿海军缺乏反潜力量，致使制海权也拱手让予英军。刚开战不久，阿军主力巡洋舰就被英军潜艇击沉，军舰、补给舰都不敢出港，瑟瑟发抖"宅"在家中。

丢失了制空权、制海权的阿军，失败已是板上钉钉。

客观来讲，在马岛海战中阿军的战略思想与《孙子兵法·形篇》的内容不谋而合。只不过，暂不提"知彼"，深刻而彻底地"知己"也并非易事，认知偏差导致阿军犯了多个致命错误，从而无法真正做好取得胜利的准备。

反观第三次中东战争，同样没有完整国防工业的以色列却依托美国提供的先进武器装备，牢牢抓住对手的"七寸"，取得了战略主动。

1948年才建国的以色列，到底是如何做到的呢？

1967年，埃及、叙利亚主力部队在西奈半岛和戈兰高地建立防线，并再次对以色列封锁了苏伊士运河，再加上蠢蠢欲动的约旦，战争的阴云从三个方向压在以色列的头顶上。此外，以色列背靠地中海，没有战略缓冲地带，这就导致稍有不慎，背水而战的以色列刚刚建国又要亡国。

不管阿拉伯联军到底打不打，以色列已是头悬利剑，再无安寝之日。

这把剑锋利到什么程度？

阿拉伯联军有苏联支持，总兵力超50万人，坦克2300余辆，还有各型战机950余架，大部分是苏式装备。

以色列有美国做靠山，总兵力26万左右（约占全国人口的1/10），坦克1000余辆，战机290余架，大部分是美制武器。

颇具戏剧性的是，美国情报部门发现西奈半岛部署的兵力只有5万左右，判断阿拉伯联军没有进攻意图，立即警告以色列不要据此挑起战争。

"可胜者，攻也"。以色列决定先下手为强。

《孙子兵法》对胜利的指导原则，渗透在以色列做必胜准备的战略构想之中。

首先，"知己知彼，百战不殆"。以色列派出教练机假装飞行训练，实则是侦察阿拉伯联军的整体动向。虽然埃及早就发现了以色列教练机，但并未给予足够的重视。在侦察过程中，以色列掌握了对手空军基地的位置、雷达设施、防空火力等重要情报，甚至连埃及飞行员需要 10 分钟以上的时间才能将米格战机开上天、军队交接班时间这样的细节都摸得一清二楚。这些情报对以色列的雷霆一击能否成功来说，至关重要。

其次，"以待敌之可胜"。1967 年 6 月 5 日早 7 点，以色列只留了 12 架飞机用作本土防御，其余所有战机全部出动，奔向埃及、叙利亚、约旦三国的机场、雷达站等重要军事目标，实施铺天盖地地轰炸。为什么选择在这个时间点出击？因为以色列抓准了埃及的破绽。以色列利用和埃及一小时的时差，算准了当自家战机飞临轰炸目标之前，刚好是埃及防备最空虚的时候。此时，能发现以色列战机的雷达室正忙着下载数据，"空中指挥所"预警机趴在机场上整修，军官士兵们按照惯例交接早晚班……

压上全部身家"豪赌"的以色列，几乎摧毁了毫无准备的埃及空军。到当天下午 2 点时，埃及空军被炸得只剩下 30 架战机，10 年心血付诸一炬。约旦和叙利亚空军的命运与埃及空军相同，空中力量无限接近于"0"。

现代战争中失去制空权，几乎等于失去了一切。

于是，以色列仅用 6 天时间，就抹掉了阿拉伯人 10 年的努力和那句铿锵有力的豪言壮语——"从地图上抹掉以色列"。

此战之后，以色列占领西奈半岛、戈兰高地、约旦河西岸，国土扩充了 65000 多平方千米，是战前国土面积的 4 倍之多。

虽然寄希望于第四次中东战争雪耻，但第三次中东战争损失惨重的埃及、叙利亚、约旦难以恢复昔日气势。从此，埃及失去了"中东大佬"的地位，被伊拉克、沙特阿拉伯、伊朗取而代之，叙利亚则陷入内乱难以自拔，而约旦现在所营造的和平发展环境，与其和以色列之间的和解有着脱不开的关系。

当我们再次比较马岛战争和第三次中东战争时，也许会发出这样的疑问：为什么同以色列一样，武器装备多靠"买买买"的阿根廷"成也买装备，败也买装备"，而以色列就能靠买武器装备创造教科书式的闪电战？事实上，武器装备是战争的基础，没有武器装备，战争就无法实施。两国之间最大的不同就在于，阿根廷与军火供应国之间的关系只靠金钱维系，而以色列与美国的关系是靠国家利益维系。一个是松散的交易，一个是利益的捆绑，阿根廷正是因为没有意识到这一点，才会误以为自己做好了取得胜利的准备，鲁莽开战。

孙武对战争本质的揭示是永恒的，对如何取得胜利的见解是透彻的。但在《形篇》中，我们发现孙武在论述如何保证自己获得胜利的时候，使用了非常夸张的比喻。

"善守者，藏于九地之下"，那个以青铜器为主的冷兵器时代哪里有技术条件深藏？"善攻者，动于九天之上"，没有导弹，没有飞机，擅长攻击的人怎么可能上天呢？在2500多年前的孙武看来，藏于九地、动于九天是获得胜利的理想境界。当然，我们都清楚孙武只是使用了修辞手法，意在借用夸张的比喻增加思想的厚度和高度，引起读者的足够重视。但令人惊奇、不禁拍案的是，在信息化战争中，孙武所描述的理想竟皆成为现实。

我们先来看"善守者"。在武器装备队伍中，有一类武器装备被称作"防御性战略武器"，其中藏于九地之下的，最具代表性的，就是战略核武器。

战略核武器，是"不战而屈人之兵"的威慑性"大杀器"。当一个国家遭受严重打击，重要战略目标被摧毁时，战略核导弹就是反击敌人的最强利器。当然，一旦动用核武器其结果是毁灭性的。日本作为世界上唯一一个遭受过核打击的国家，对核武器带来的灾难想必感悟深刻。

1945年7月16日，世界上第一颗原子弹在阿拉莫戈多沙漠爆炸试验成功。

1945 年 8 月 6 日、9 日，世界上第二颗、第三颗爆炸的原子弹分别在日本广岛、长崎"长"出蘑菇云，这是人类历史上首次将核武器用于实战。爆炸的巨大威力造成数十万人瞬间化为灰烬，这其中还不包括因放射性物质导致疾病的人数。核武器带来的死亡风暴，让死战不降的日本最终低下了给无数人带来灾难的罪恶头颅。

战略核武器可怕的超级破坏力，使之不可能作为常规武器装备使用，只能作为国家安全的柱石，在极其危急的时刻才能使出的"绝杀"。数量不详，性能不详，部署不详，对敌人而言，这就是战略核武器带来的战略威慑。

国之重器岂能轻易示人，必须藏起来。

藏在哪？九地之下。

一般来讲，战略核导弹大都储存在地下发射井内，隐藏在地底之下默默守护国家安全，并深刻影响着战场走势，乃至国际局势。

通常，地下发射井都深藏在不易察觉的地方，为钢筋混凝土构筑物，其地上及地下结构均做了严格加固。比如美国"民兵-3"洲际弹道导弹的地下发射井，其发射井的井盖厚度超过 1.5 米，重量 750 吨，整个发射井系统可抗击小型、中型核弹头在百米以内的触地核爆。苏联和后来的俄罗斯也非常注重地下发射井的加固，"撒旦"洲际弹道导弹的发射井就采用了加固防护的井盖和厚壁设计，能抵挡百万吨 TNT 当量的核弹。

有盾必会有矛，为了攻克深藏在九地之下的掩体目标，包括发射井、地下指挥所、弹药库等，钻地弹应运而生。钻地弹可钻进地底，通过延时引信使其侵彻至预定深度，然后将目标一举摧毁。目前，一些国家已研发出多种型号的钻地弹，钻地弹配有常规战斗部，部分配有核战斗部。

海湾战争中，美国初尝钻地弹的甜头，仅用两枚钻地弹就让位于巴格达的阿里米亚防空洞化为废墟。第一枚钻地弹直接穿透数米厚的钢筋混凝土防御罩，在内部引爆；第二枚钻地弹的爆炸让防空洞内的温度瞬间高达 5000℃，超高温不仅顷刻气化了防空洞内的人，也摧毁了防空洞内的装备。

随着钻地弹钻地的深度越来越深，地下工事的建造也将越挖越深。武器装备的发展就这样围绕着矛与盾的关系，不断螺旋上升式发展。

不过，还有一种战略核武器目前还没有有效的应对措施，这就是战略导弹核潜艇。隐蔽在深海，行踪不定，可以游弋到最佳攻击位置给予敌人致命一击，而且目前各国的反潜手段十分有限，并不能有效快速地侦测到核潜艇的行踪。

武器装备的深藏与深挖属于"藏于九地之下"的一方面，

另一方面，在战争中利用地下工事可以达到以守为攻的效果。

俄乌军事冲突中的巴赫穆特如今已经家喻户晓，这个"硬骨头"为什么难啃，关键就是乌军在北约的协助下，从 2014 年开始就在顿巴斯地区建造了大量的地下防御工事，如此复杂坚固的阵地必然有利于防守一方，这也致使巴赫穆特成为"绞肉机"的代名词。

可见，"藏于九地"是为了守，守的终极目的是保存实力，反守为攻。什么样的进攻堪称完美？

"善攻者，动于九天之上"。直译这句话，就是善于进攻的人，好似从万里高空突然发动攻击。这一观点穿越时空，与意大利军事理论家朱利奥·杜黑的观点达成了神奇的高度统一。1921 年，杜黑倾尽毕生心血写就的《制空权》问世，书中强调制空权是赢得一切战争胜利的前提，"没有制空权就注定要失败，并接受战胜者愿意强加的任何条件"。

结合对制空权的认识再回望第三次中东战争，我们会发现以色列正是凭借绝对的空中优势，才能仅用 6 天时间就改变了中东格局。科索沃战争、伊拉克战争，也都是以制空权逼得对方不得不投降。

进入信息化时代，对制空权的争夺进一步细化，各个高度层开始成为争夺区域。武装直升机、无人机使得"一树之高"的低空成为必争之域；防空导弹远到 400 千米，高到 30 千米，近到几千米，对各种高度的空气动力目标都能实施精准拦截。

随着空天技术的不断发展，作战域的不断扩大，分层细化的制空权进一步延伸，衍生出科技含量更高的制天权。近年来，为争夺制天权，赢得未来战争制高点，各军事强国积极发展卫星技术的同时，还在大力研发反卫星武器。美国波音公司研发的X-37B空天战斗机就是这样一型武器装备，可装机械臂，释放或抓取太空载荷，如侦察、导航、通信等不同类别的卫星，还可搭载定向能武器和动能武器，如能打击敌方卫星、航天器的激光武器，及打击地面、海面目标的动能武器。

中国与俄罗斯在美国研制出X-37B空天战斗机后，多次强调不允许太空军事化。与美国不同的是，中国发展航天技术是为了科学进步，造福人类。中国和俄罗斯多次表明不希望太空军事化、武器化，但是以美国为首的西方国家非要夺取制天权，发展高边疆战略，让自己能够对其他国家实施在太空疆域的新奴役。

科学技术推动战场变革，普通人无法超越军事技术的发展水平，凭空架构某种军事理论。无论是藏于九地的善守者，还是动于九天的善攻者，虽然在当时，乃至千年的时间里都无人可及，但如果顺着孙武的目光望向潜藏在深处的战争本质，就会发现军事科技无论怎么发展，也不会掩盖住《孙子兵法》的光芒，孙武理想化的谋略思想客观地展示出了战争的内在逻辑和整体走向。

故当我们从当前的信息化战场迈向未来战场时，就会发现那句"故善战者，立于不败之地，而不失敌之败也"，仍是至理名言。善于作战的人总是先保证自己不犯错误，然后再抓住敌人犯错的机会。道理都懂，但实践起来并不容易。从俄乌军事冲突中即可看出，双方都不是真正意义上的"善战者"，都存在很多问题。

"善用兵者，修道而保法"。俄乌两国在冲突期间做国防动员时都出现不少困难，究其根本，就在于没有把俄乌冲突的严重性和长期性考虑清楚。当大量训练有素的乌克兰军队出现严重的战斗减员的情况时，再次动员征兵导致社会混乱，甚至出现了很多不和谐的场景。同样，俄罗斯战争动员也引起不少误解和误操作，导致不少适龄人员抗拒动员，拒绝服兵役。

如果交战一方能够在技术和战略上全面领先对手，如基于人工智能全面武装之上的军队就比以人力为核心的军队更具碾压优势，加之正确的战略战术，势不可挡的战斗意识，如此一来才能具备孙武所言"决积水于千仞之溪者"的胜利之形，胜利的概率才会大大增加。

商场如战场

胜利是等来的

在《形篇》的开端，孙武讲了一大串翻译成现代语言后仍颇为拗口的话，分析了可胜与不可胜的关系。简而言之，意思就是先要确保自己不犯错误，然后等待敌人犯错误。

为什么说"胜可知，而不可为"，也就是说胜利不可强求呢？因为客观事实不会随自己的主观意志转移。这里前后文的"敌"是一个偏抽象的概念，并不是指具体的某支军队，而属于客观事实的一部分。所谓"形"，也并不是指地形或者阵型，其含义更接近于整个战场的客观局势。

孙武要告诉我们的是，在战场上，我们能掌控的只有自己这部分，我们只能确保自己立于不败之地，而不能确保有必胜对方的办法。等待形的变化才是一切的关键。

世界上没有以100%效率运转的系统，也不存在永远不会犯错的人，孙武给我们的视角是——不败的人最终会获胜，而在现实中，往往是少犯错误的一方会取胜。象棋中有一种战术叫顿挫，是指在自己的回合等待，让对手行动，而对手一旦行动，便会露出破绽，你便迎来了获胜的机会。

在商业领域，则是提醒企业要打铁自身硬，保持战略定力，不轻易折腾，耐得住性子，等待时机到来。

"主航道"是华为内部经常提及的核心理念，贯穿于管理文件、电子邮件、任正非的演讲中。但是这个核心理念究竟是什么意思？为何华为如此强调？

"主航道"喻为长江的主流，水流速最快，力量最强。相对的，边缘处的水流慢，有旋涡，是非主航道。公司需像长江水聚焦在"主航道"，方能释放强大能量。华为主张以优质资源满足优质客户的需求，给予"主航道"更多肯定，创造超过成本的价值，而非主航道则不可占用主要资源。

那么，华为的"主航道"是什么？它基于一个假设：未来信息社会的管道会变得极为宽广，信息流量巨大。华为将之称为"大流量信息"机会，认为其窗口已经打开。华为选择聚焦于这一领域，持续扩展并领先，把握未来数十年的广阔机遇。这就是华为的"主航道"。

这个战略有另一个同义高频词——"管道战略"。华为的业务像信息管道的"铁皮"，这些信息管道是数据中心解决方案、骨干网、移动宽带、固定宽带、智能终端、家庭终端和物联网通信模块。这些领域是华为关注的"主航道"，其他领域则不是。

在华为，对于"主航道"的业务，公司追求长期回报，给予更多战略耐性。不在"主航道"上的业务必须以利润为中心，其盈利能力必须超过"主航道"业务的盈利能力。华为不允许在"主航道"以外的领域投入过多资源。埃里希·冯·曼施坦因在《失去的胜利》中说过："不要在非战略机会点上消耗了战略竞争力量。"信息与通信技术行业充满机会，华为担心员工追求非主航道的小利，占用了主航道的资源，失去时代的大机会。因此，向主航道投入，提高其能力，拉开与竞争对手的差距是任正非不断强调的。

从经营和管理角度来看，华为坚持为世界创造价值，为价值而创新，专注于擅长的领域。资源和力量有限，若横向发展，可能导致精力分散，难有所成。保持聚焦，不偏离主航道，是华为持续成功的关键。

华为不仅有着超强的战略定力，还有长远的战略目光。在进入手机市场后，几乎所有的国内同行都在使用谷歌开发的安卓系统。但任正非却深知"先为不可胜"的重要性。

他曾经说："我们现在做终端操作系统是出于战略的考虑，如果他们突然断了我们的粮食，安卓系统不给我们用了，Windows Phone 8 系统也不给我们用了，我们是不是就傻了？同样的，我们在做高端芯片的时候，我并没有反对你们买美国的高端芯片。我认为你们要尽可能地用他们的高端芯片，好好地理解它。他们不卖给我们的时候，我们的东西稍微差一点，也要凑合能用。……我们不要狭隘，我们做操作系统，和做高端芯片是一样的道理。别人断了我们粮食的时候，备份系统要能用得上。"

而后，2019 年 5 月 15 日，美国商务部工业和安全局宣布将华为加入"实体名单"，这意味着他们将就芯片等核心技术对华为"断粮"。现实验证了，任正非在多年前并非杞人忧天，而是未雨绸缪。他的高瞻远瞩正是《孙子兵法》中"不可胜在己"的最好诠释。

放眼整个《形篇》，我们会发现孙武一直在强调客观世界存在的同时，还强调主观能动方面，我们需要不断做好自己，而不能苛求客观局势的变化，类似"尽人事，听天命"，或许我们能做的部分对于改变整个结果来说是微不足道的，但是我们能做的也只有这一部分。现在我们往往将这种思维换了一种方式表达：机会总是留给有准备的人。企业经营也是如此，许多大企业都在自己意气风发的阶段，将丰富的资金和精力投入科技研究当中，这些研究短期可能不产生收益，但会在新的时代到来时，保持住自己的竞争力。

先不败，再求胜是本章的核心，而如何立于不败之地是值得每个人思考的好问题。

第五章

势篇

思维导图

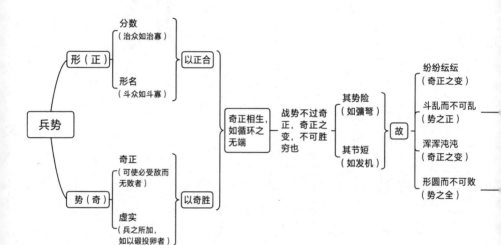

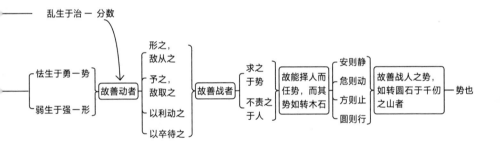

乱生于治 — 分数

怯生于勇 — 势
弱生于强 — 形

故善动者

形之,敌从之
予之,敌取之
以利动之
以卒待之

故善战者

求之于势
不责于人

故能择人而任势,而其势如转木石

安则静
危则动
方则止
圆则行

故善战人之势,如转圆石于千仞之山者

势也

原文

孙子曰：凡治众如治寡，分数①是也；斗众如斗寡，形名②是也；三军之众，可使必受敌而无败者，奇正是也；兵之所加，如以碫③投卵者，虚实是也。

凡战者，以正合，以奇胜。故善出奇者，无穷如天地，不竭如江海。终而复始，日月是也。死而复生，四时是也。声不过五，五声之变，不可胜听也；色不过五，五色之变，不可胜观也；味不过五，五味之变，不可胜尝也。战势不过奇正，奇正之变，不可胜穷也。奇正相生，如循环④之无端，孰能穷之？

激水之疾，至于漂石者，势也；鸷鸟之疾，至于毁折者，节也。是故善战者，其势险，其节短。势如彍弩，节如发机。

纷纷纭纭，斗乱⑤而不可乱；浑浑沌沌，形圆⑥而不可败。乱生于治，怯生于勇，弱生于强。治乱，数也；勇怯，势也；强弱，形也。故善动敌者，形之，敌必从之；予之，敌必取之；以利动之，以卒待之。

　　故善战者，求之于势，不责于人，故能择人而任势。任势者，其战人^⑦也，如转木石。木石之性，安则静，危则动，方则止，圆则行。故善战人之势，如转圆石于千仞之山者，势也。

译文

　　孙武说，管理人数多的军队如同管理人数少的军队一样，是组织架构做得好的缘故；指挥大部队作战如同指挥小部队作战一样，是通信系统做得好的缘故；统领大军的时候，即使被敌人进攻，也没有失败，是善于出奇、用正的缘故；攻击敌军就像用石头砸鸡蛋一样，是以实击虚做得好的缘故。

一般来说，战争中，多以正兵挡敌，用奇兵取胜。所以善于出奇制胜的人，他的战法运用就像天地变化一样无穷无尽，像江海一般不会枯竭，像日月一样周而复始，像四季一样循环往复。音阶不过五个，但五个音阶组成的变化让人听不过来；色彩不过五种，但五种色彩组成的变化让人看不过来；味道不过五种，但五种味道组成的变化让人尝不过来。战术也不过奇、正两种，而它们千变万化，还可以互相转换，就好像旋转的圆环一样没有端点，谁又能使其穷尽呢？

湍急的水流速度之快，能把石头冲走，这是因借助了水流迅猛之势；鸷鸟飞行之迅捷，以至于能捕杀鸟雀，这是因掌握了俯冲时的节奏。所以善于作战的人，营造的态势是险峻的，行动的节奏是紧凑的。态势如同拉满的弓，节奏如同被触发的弩机。

在一片混乱中作战，要使军队稳定不乱；在不清晰的情况下作战，要部署周全，使军队能应对各种情况，这样才能不被打败。要知道混乱能从严整中衍生而来，怯懦能从勇敢中衍生而来，弱小能从强大中衍生而来。严整还是混乱，由组织编制决定；勇敢还是怯懦，由战场态势决定；强大还是弱小，由实力对比决定。因此，善于调动敌人的人，会用假象引诱和迷惑敌人，敌人就会听从他的调动；会给敌人一些小的好处，敌人就必然会来抢夺。要用利益调动敌人，再用大军消灭敌人。

善于作战的人，总是谋求有利的态势，而不是只知道苛求部属，能选择将领去创造有利的态势。能够利用态势的人，指挥士兵作战如同转动木头和石头。木头与石头，在平地上通常静止不动，在陡峭的斜坡上就会滚动，方形的通常静止不动，圆形的就会滚动。因此，善于作战的人创造的态势，就像从一座极高的山上往下滚圆形的石头，势不可挡。

现代战争应用

放眼改革与疗效，驱动胜利车轮的密钥

"以后要非常注意军事，须知政权是由枪杆子中取得的。"这句话每个中国人都非常熟悉，熟悉到说"枪杆子里出政权"已是一件十分自然而然的事情，自然到我们时常会忽视，这句话提出的背景异常残酷。

革命不是请客吃饭，不掌握枪杆子，必将面对失败。治理

国家不是写文章、讲道理，不掌握枪杆子，必将迎来衰弱。

尼科洛·马基雅维利的著作《君主论》中也有着类似的观点："武装的先知都获取了胜利，被解除武装的先知都灭亡了。"

走出中国这片古老的土地放眼世界，"枪杆子里出政权"的思想依然适用。美国之所以成为贯穿北美大陆的世界头号强国，除了花钱买了一部分土地，其他州都是打下来的。印第安人、墨西哥人、西班牙人……都逃不过美国人的枪杆子。

"凡治众如治寡，分数是也；斗众如斗寡，形名是也……"分数指军队编制，形名指军队的指挥、通信，治理人数多的军队就像治理人数少的军队，统领大军作战就像指挥小部队作战，《孙子兵法·势篇》一开头，孙武就表达了他心中军队的最佳状态是什么。

如果我们顺着"枪杆子里出政权"的逻辑，再结合孙武的观点继续整理思路，就会明白孙武开篇即指出军队的管理、组织、指挥、通信、战法等方面重要性的用意了。因为以上各方面都可以将其归纳在军事体制当中，而军事体制的好坏，相关制度法纪实施得如何，直接决定了一支军队的未来。

枪杆子如此重要，哪怕是军事强国，也在日日殚精竭虑地思考如何才能更强。所以世界上的主要国家一直在根据实际情况调整其军事战略，围绕建立决策更科学、管理更高效、指挥更便捷的军事组织体系这一主线，不断推进军事体制改革。

军事体制，当真如此关键？

当真！

成也体制，败也体制。

晚清军史，殷鉴不远。

19 世纪 60 年代，洋务运动拉开中国军事现代化进程的序幕。众所周知，洋务运动是有名的"半吊子"改革，军事改革只局限于技术层面，如造枪、造炮、造船等，最关键的军队政策、体制、机制等却改得支离破碎。于是，在甲午海战中，我们发现装备是新式的，但是是买来的，而制度和观念还是旧式的。这样一支将屡战屡败之原因粗暴地归咎于"无制胜之器"的军队，注定会惨败。洋务运动也随着北洋水师的覆灭，画上滴着血的句号。

正如时人评价："尤足患者，在于军制冗杂，事权分歧，纪律废弛。"

分数、形名行之有效，军队战斗力就有保障；反之，军队就无法真正发挥战斗力，甚至会酿成悲剧。武装了皮毛的北洋水师如是，武装到牙齿的美军亦如是。美国"鹰爪行动"的失败，就暴露了军事体制存在的问题，尤其是联合、指挥层面的问题。

在《孙子兵法·谋攻篇》中，我们曾提到过这次原本为解救人质、结果却机毁人亡的行动。不知"鹰爪行动"中混乱的指挥，"奇葩"的营救计划和令人唏嘘的结局是否给读者留下了"鸡爪行动"的印象。至少在世界范围内来看，这次行动失败得相当著名，以至于会被反复提及。剖析"鹰爪行动"的失败原因，被广泛认为是从越战延续下来的军事组织问题的集中体现。

从越南战争中我们可以看到，美军联合作战的指挥体制存在诸多矛盾，光是空中力量就分成了三部分：驻越军援司令部、太平洋战区空军司令部和太平洋舰队司令部。三者的关系错综复杂，各自为战，指挥起来自是混乱不断。

这些体制上的矛盾体现在"鹰爪行动"中，也体现在1983 年美国入侵格林纳达的行动中。虽然达成了战略目标，但这些军事体制问题仍像无法消散的烟雾，给美军的胜利蒙上一层阴影。类似越战中的"各自为战"，在此次入侵行动中，美国陆军部队、海军陆战队分别在各自的指挥体系下作战，这就好像在本应统一指挥的战场中钉进了一个扎眼的楔子。

有多扎眼呢？扎眼到陆军直升机降落在海军军舰上，海军指挥官却被告知不该给陆军的直升机加油，理由竟是"和陆军的财务交接还没做出来"。难怪有观点指出，入侵格林纳达表面上的胜利掩盖了"搞砸了"的扎心真相。

20世纪80年代开始，美军开始酝酿军队重组。1986年《戈德华特－尼科尔斯国防部改组法》打破了美军各军种指挥之间的权利屏障，逐步构建了"战区中心型"联合作战体制。

不看广告，看疗效。衡量军事体制改革是否合适，最根本的标准是看其能否经得起实战考验。

美军第二次费卢杰作战行动，代号"新黎明"，是伊拉克战争中规模最大的城市攻坚战。孙武在《孙子兵法·谋攻篇》就指出"上兵伐谋""其下攻城"，攻城是最不得已的选择。美军在做出这个不得已的选择后艰难取胜，分析其取胜原因，离不开"联合"二字。相比伊拉克战争的主要战争阶段，只有高层联合制定作战计划，而师一级仍各自为战的情况，在第二次费卢杰战役中，美军联合作战编组延伸至连排级。"没有联合这一仗就打不赢"，时任美海军陆战队第一远征军司令萨特勒如是说。

费卢杰，是一座距离伊拉克首都巴格达69千米的小城，推翻萨达姆政权后，这里聚集了很多反美武装。为消灭这些反对力量，也为给即将举行的伊拉克选举铺平道路，美军在2004年发动第二次费卢杰战役。

在制定作战计划之初，美军就聚焦"联合"。不同于入侵格林纳达时海军不愿给陆军直升机加油的情况，这次行动中，海军陆战队主动提出把一个轻型装甲连配属给陆军。战中，"联合"也始终贯穿其中。参战各军兵种遵循相同的交战规则，共享相同的作战地图、情报资源。此外，美军还设立了联络组，互派了联络官，空军还派遣联合战术空中控制员进入地面部队，这样就可以直接召唤各军种空中力量。

当然，美军的联合并不是完美无缺的。比如，通信就出了问题。城市战的一大难点就是通信，在城市复杂的电磁环境下，通信装备易受干扰、破坏。然而在实战中，美军各军种使用的通信工具不尽相同，造成战场通信困难，作战行动也随之受到影响。

纵观从第二次世界大战至今，美军至少进行了三次以上大规模军事体制改革，尤其是强化在联合作战指挥体制方面的改革。美军的联合作战指挥体制主要改了三大块内容：一是成立了机构，即国防部、参联会和联合司令部；二是建立了指挥关系，即作战指挥链和行政指挥链；三是划分了职能，国防部、参联会、联合司令部、军种部各司其职。美军的这些改革成果在不断地接受残酷实战的考验。

在冷战后的几场局部战争中，除了美国深刻认识到联合作战的重要性，俄罗斯也非常重视联合作战体制建设。2008年，就在俄格战争后，俄军推进了轰轰烈烈的"新面貌"军事改革，重组、改造军区，使军区具备联合战略司令部的职能；

取消军种作战指挥权，将海军、空军、天军并入总参武装力量中央指挥所……俄军在叙利亚战场上的表现，说明俄军的军改达到了预期效果。值得注意的是，俄军对其军事体制、机制的改革并没有停下脚步，在俄乌军事冲突中，俄军是边打边改，边改边打，甚至率先引入了瓦格纳雇佣兵来充实前线作战力量。由于俄乌军事冲突的本质是美俄混合战争模式，因此，这场军事冲突对美俄两军都是重大考验，也是世界各国最新一轮军事体制改革的开始。如今，俄罗斯已经提出新的 2023—2026 年度军改路线，诸如巩固核力量确保对北约的战略威慑、重建以陆军为核心的联合作战体制、大幅增加军队员额、加快弥补信息化能力不足等短板。

由此，我们也就不难理解为什么世界各主要国家都在进行以联合、信息化为导向的军事体制改革了。英、印、日、德等国，都在紧锣密鼓地进行军改。

无数实例告诉我们，没有行之有效的军事体制、机制，在战场栽跟头几乎是必然的结果。对于现代战场，乃至未来战场来说，夺取胜利早已不靠倾泻炮弹、子弹，建立一支能够利用比特和字节的力量攥指成拳的军队才是正道。

一支军队的制度蕴含着生命力、驱动力，这种力量可以驱动胜利的车轮，也可以成为孙武所说之"奇正""虚实"的倍增器。

奇正正奇，虚实实虚，奇正与虚实之间虽看似两两对立，但在无穷无尽的组合里，我们却可以将其中的内核简单提炼成两个字，那就是"创新"。

有了创新，才有"奇正相生，如循环之无端，孰能穷之"的境界。

说到创新，必须要提三三制。

三三制，是中国人民解放军战术上的创新。大范围的三三制就像一个口袋，两翼拉开，中间断后，敌人攻来则两翼包抄，围而歼之；小范围的三三制，士兵如三角形排列，互相掩护，以一当十。

20世纪60年代，中国对坦桑尼亚进行了全方位援助，其中就包含军事援助。大到解放军的体制、编制，小到训练制度、内务条令，都悉数教给了坦桑尼亚军队。当然，更少不了战术层面的训练，比如解放军的创新——三三制。坦桑尼亚在中国教官的帮助下，建立起了相对完备的军事体制，武器装备、战术素养等方面走在了非洲国家前列。

很快，这支刻着解放军烙印的坦军迎来了第一次大仗。

1978年10月，拥有"非洲暴君"之称的乌干达总统阿明，为转移国内矛盾对坦桑尼亚发动侵略。开战之初，坦军毫无准备，卡盖拉地区很快被乌军占领。

让"暴君"阿明没想到的是，坦桑尼亚很快组织起有效的反攻。坦桑尼亚总统尼雷尔迅速进行全国动员，组织起十万兵员的部队投入战斗，空中有战机掩护，地面有步坦、步炮协同。在编制体制、战略战术层面汲取了解放军养分的坦军，势如破竹。就这样，只用了一个多月的时间就将乌干达军队赶出国境。之后，还不死心的乌干达请来利比亚援军，没想到坦军灵活地运用三三制来了一招"两翼包抄，围而歼之"，被合围后的利比亚援军不得不投降、被遣返。最终，坦军只伤亡 300 多人，一举进入乌干达首都并驻军长达 8 年。

《孙子兵法》中反复强调战争带来的危害，赢得胜利的坦军也好，被占领的乌干达也罢，事实上彼此都付出了高昂代价。

不过，以上种种并不影响我们认知本篇的逻辑，即在高效合理的军事体制、机制的加持下，创新作用于战场将产生制胜的神奇反应，这就是"奇正"的奥秘。

到底什么是"奇正"？什么是"以正合，以奇胜"？

我们可以如此理解。

正，在战略层面指完善的军事体制、机制，战术层面指有组织、有纪律。

奇，在战略层面指整体实力具有碾压性优势，战术层面指战法创新，也就是我们常说的出奇制胜。

回头再看第二次费卢杰战役、乌干达－坦桑尼亚战争等现代战例，会惊觉始自春秋末期的"以正合，以奇胜"奇迹般地穿越千年，贯穿始终。

现在，让我们将目光移到孙武所处的时代，那时正逢奴隶社会迈向封建社会的大变革期，连绵不绝的战火是最醒目的符号。谁能成为善战者，谁就能建立流传千古的霸业。

何谓真正的善战者？

在《形篇》中，孙武将善战者的特点总结为"先为不可胜，以待敌之可胜"，侧重于强调善战者通过周密细致的准备赢得胜利。

在《势篇》中，善战者的内涵被进一步拓展。

首先，"其势险，其节短"，善于作战的人会营造险峻的态势，跟随紧凑的节奏行动；其次，"求之于势，不责于人"，谋求有利的态势，而不苛求于部属。其中心思想，就是要营造一种必胜的"势"。如果说，《形篇》讲求的是准备，那《势篇》则着力于造势。"势如彍弩，节如发机"，弱者亦能胜强。

在本篇中，孙武用了很多笔墨去形容什么样的"势"才能制胜，以及这样的"势"呈现出来是什么模样。跳脱出战争视角，若将"势"放在战略层面看，"势"在当今又延伸出另外一层含义，即国际局势。

纷繁复杂的国际局势，对战争的走向亦有深刻影响。最显著的例子，莫过于海湾战争和叙利亚军事冲突。

1990 年，伊拉克入侵科威特，以美国为首的联军攻打伊拉克，海湾战争爆发。联军出兵有法理依据吗？有，联合国安全理事会通过了第 678 号决议。有了正式授权，就有了宏观上的"势"，出兵名正言顺，战果令美国人满意，也让美国挣得盆满钵满。

2011 年，叙利亚爆发内战，6 年后美国介入。美军向叙利亚霍姆斯省军用机场发射了 59 枚战斧巡航导弹，特朗普政府还声称叙利亚政府使用化学武器，于是美国又联合其小伙伴英、法对叙利亚三座化学武器设施实施攻击。美国出兵叙利亚有法理依据吗？没有。联合国批评了吗？是的，联合国叙利亚问题独立调查委员会多次批评美军发动"不加区分的袭击"，涉嫌构成战争罪。虽然这些批评并未让美国收手，但即便西方世界对美国的入侵集体沉默，也改变不了美国理亏的事实，"势"总归矮了一截，最终美军在叙利亚战场遭遇重重阻碍。2023 年初夏，叙利亚重返阿拉伯联盟，这意味着被美国打了 12 年的巴沙尔政权的合法性获得了中东地区的普遍认可，俄媒称这是"美国中东政策的最终失败"。

我们从国际关系出发的话，可以这样理解"势"，矛盾双方是内因，国际局势是外因，内因与外因构成"势"的总体，彼此之间可能会互相转化，正如英阿马岛战争和俄乌军事冲突。在英阿马岛战争期间，刚开始，阿根廷军队得到了美国、法国等国家的支持，国际形势对阿根廷总体有利，但随着英国进一步施压美国和法国政府，国际形势陡变，英国迫使国际社会封锁了阿根廷的战争能力，阿根廷战败也就成为必然的结果。在俄乌军事冲突期间，国际形势也在不断变化，就以德国为例，德国从最早《明斯克协议》的支持者到破坏者，再从俄乌军事冲突的谨言慎行者到全力支持乌克兰，德国的迥异态度也让欧洲安全形势出现重大起伏。中立者，甚至旁观者都变成参与者，战场胜负概率叠加了无数新条件，也必然导致战场形势越来越复杂。

归根到底，任何"势"都离不开"人"，战场态势如此，国际局势亦如此。第二次世界大战后，美国提出"马歇尔计划"，即欧洲复兴计划。表面上，美国是要慷慨帮助欧洲重振经济，实际上，美国人想要达成的战略目的是控制欧洲。毫不夸张地说，虽然美国之意在欧洲，但实际上"马歇尔计划"一直到现在都在极其深刻地影响着国际局势。

一方面，"马歇尔计划"的实施促成世界两极化，形成了冷战时期的两大阵营；另一方面，"马歇尔计划"成功助力美国绑架了欧洲，而后又把欧洲的安全建立在美国保护的基础之上，让欧洲至今都难以摆脱对美国的依赖。实际上，所谓"核保护伞"就是美国架在欧洲人头上的枷锁。

美国究竟用了什么手段去造"势"？简单来说，就是抓住一个国家，乃至一个地区的"七寸"，如通过援助工业，售卖武器装备等方式，来达到控制其命脉的目的。

"势"如破竹。有了"势"，战场也好，商场也罢，都必然会无往而不利，这也是孙武撰写兵法的要旨所在。

商场如战场

以奇胜的第二曲线创新

在《势篇》中，孙武强调，要想怎么打都不败，得依靠"奇正"二字，"以正合，以奇胜"。"正"很好理解，但是"奇"有两种略显不同的解释。一种是我们较为常见的"神奇""奇谋"中的"奇"，读作"qí"，符合前文"兵者，诡道也"的战略思想，也就是用常规部队与敌人作战，然后用意想不到的部队决定战斗的胜利；另一种解释则读作"jī"，也就是对应"偶数"的"奇数"中的那个"奇"，在古代也有"余数""零头"的意思，指多余的部分，同样是用常规部队与敌人作战，然后用多余的兵力，也就是预备部队取胜。你可以想象双方对垒，正面大战，然后双方主帅根据战场的变化，或者是到关键时刻再投入一些力量，以求改变或决定战局，这也叫

"出奇制胜"，也就是不要一股脑儿把力量都投入进去，还得做一些保留以备随时可用。

而在商业领域，最符合孙武"出奇制胜"思想的当属扬·莫里森提出的第二曲线理论。扬·莫里森提出，第一曲线代表企业初始的成功阶段，这个阶段通常伴随着创新、新产品的推出和市场占有率的增加。然而，随着时间的推移，企业可能会陷入固有的经营模式，逐渐失去创新能力，市场份额和盈利可能会受到威胁。第二曲线则象征着企业需要转向新阶段，以适应变化的环境。企业需要寻找新的增长点，通过再创新、改革和探索新领域，重新焕发活力。这也可以理解为企业需要适时地放下过去的成功模式，开辟新的增长路径。

企业应该在第一曲线仍然强劲时就开始寻找第二曲线，而不是等到困难出现时才寻求新的增长机会。这种转变和寻找第二曲线的能力对企业的可持续发展至关重要。

Kindle（一种电子书阅读器）便是亚马逊的第二曲线，它诞生的故事充满了创意、胆识和对市场的洞察。

2004 年，电子书行业风起云涌。当时，亚马逊的创始人杰夫·贝索斯发现电子书的潜力，他相信电子书可能成为数字时代的未来。然而，他也明白这个市场的挑战，特别是在当时电子书阅读器技术尚不成熟，用户接受度有限的情况下，要让人们接受这个新概念需要巨大的努力。

亚马逊成立了一个小组负责这个新项目。为了避免受到现有组织心智的影响，贝索斯特意将这个团队隔离开来，远离亚马逊总部。这个团队的工作地点设在加利福尼亚州帕洛阿尔托，而亚马逊总部位于西雅图。

这个小组的目标很明确：打造一款出色的电子书阅读器，这个阅读器要像一本纸质书一样方便、易用，而且要能存储大量书籍。这就是亚马逊的奇兵——Kindle。

团队的成员来自各行各业，有软件工程师、硬件工程师、设计师、编辑等。每个人都对这个项目充满了热情和信心，但也面临着极大的挑战。在技术方面，他们需要打破先前电子书阅读器的局限，设计一款长续航、易读、轻巧的设备。而面对市场，他们需要说服人们放下传统书籍，接受数字阅读的新方式。

经过不懈努力，他们终于于 2007 年 11 月推出了第一代 Kindle。这款设备的显示屏采用了 E-ink 技术，使得阅读体验更接近纸质书籍。它的设计精巧，电池续航时间长，可以存储多本书，成为电子书阅读器的先驱者。

此外，为了确保 Kindle 能取得成功，亚马逊也采取了大胆的举措。他们推行电子书自助出版，给作者提供了一个自由发表作品的平台。这为 Kindle 积累了大量数字图书的书源，丰富了读者的阅读体验，也为 Kindle 的普及奠定了基础，并在不久的将来改变了人们的阅读习惯，也改变了整个出版行业的格局。

再看国内。2022 年 3 月 30 日，华为在深圳举行了第二批军团组建成立大会，标志着十个新军团正式成立。这些军团包括电力数字化、政务一网通、机场轨道、互动媒体（音乐）、运动健康、显示芯核、园区网络、数据中心网络、数据中心底座和站点及模块电源军团。这个军团制度源自谷歌特殊组织的灵感，强调追求行业领先和持续创新。在华为，军团是一种高效的组织方式，可以快速整合资源，提高效率，专注于特定领域，创造更多价值。

十大军团的成立让华为更加专注于客户需求和解决方案的提供，加速了资源整合和传递效率，构筑了更有竞争力的解决方案。这种新的组织架构将使客户更容易与华为进行业务合作，创造共赢的商业模式。作为华为的"奇兵"，十大军团的设立展示了华为在未来挑战面前的勇气和智慧，为应对复杂多变的商业环境做好了充分准备。

所以，我们不要静态看问题，而要动态看问题，要能够看出事物发展的趋势。要学会变化，动起来，不能停在原地，这样我们的"势"就会变化，原本看起来围如铁桶般的困境或许就会出现破绽。

第六章

虚实篇

思维导图

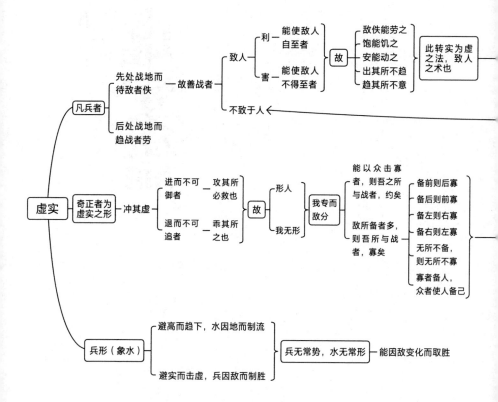

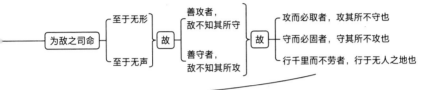

为敌之司命 ── 至于无形 / 至于无声 ── 故 ── 善攻者，敌不知其所守 / 善守者，敌不知其所攻 ── 故 ── 攻而必取者，攻其所不守也 / 守而必固者，守其所不攻也 / 行千里而不劳者，行于无人之地也

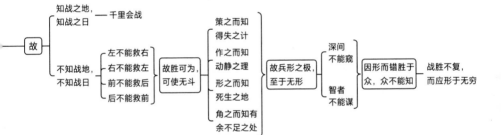

故 ── 知战之地，知战之日 ── 千里会战

不知战地，不知战日 ── 左不能救右 / 右不能救左 / 前不能救后 / 后不能救前 ── 故胜可为，可使无斗 ── 策之而知得失之计 / 作之而知动静之理 / 形之而知死生之地 / 角之而知有余不足之处 ── 故兵形之极，至于无形 ── 深间不能窥 / 智者不能谋 ── 因形而错胜于众，众不能知 ── 战胜不复，而应形于无穷

🎍 原文 🎍

孙子曰：凡先处战地而待敌者佚，后处战地而趋^①战者劳，故善战者，致人而不致于人。能使敌人自至者，利之也；能使敌人不得至者，害之也。故敌佚能劳之，饱能饥之，安能动之。

出其所不趋，趋其所不意。行千里而不劳者，行于无人之地也；攻而必取者，攻其所不守也；守而必固者，守其所不攻也。故善攻者，敌不知其所守；善守者，敌不知其所攻。微乎微乎，至于无形；神乎神乎，至于无声，故能为敌之司命。

进而不可御者，冲其虚也；退而不可追者，速而不可及也。故我欲战，敌虽高垒深沟，不得不与我战者，攻其所必救也；我不欲战，画地而守之，敌不得与我战者，乖^②其所之也。

故形人而我无形，则我专而敌分。我专为一，敌分为十，是以十攻其一也，则我众而敌寡；能以众击寡者，则吾之所与战者，约③矣。吾所与战之地不可知，不可知，则敌所备者多；敌所备者多，则吾所与战者，寡矣。故备前则后寡，备后则前寡，备左则右寡，备右则左寡，无所不备，则无所不寡。寡者，备人者也；众者，使人备己者也。

故知战之地，知战之日，则可千里而会战。不知战地，不知战日，则左不能救右，右不能救左，前不能救后，后不能救前，而况远者数十里，近者数里乎？

以吾度之，越人之兵虽多，亦奚④益于胜败哉？故曰：胜可为也。敌虽众，可使无斗。

故策之而知得失之计，作之⑤而知动静之理，形之而知死生之地，角之⑥而知有余不足之处。故形兵之极，至于无形。无形，则深间不能窥，智者不能谋。因形而错⑦胜于众，众不能知；人皆知我所以胜之形，而莫知吾所以制胜之形。故其战胜不复，而应形于无穷。

夫兵形象水，水之形，避高而趋下，兵之形，避实而击虚。水因地而制流，兵因敌而制胜。故兵无常势，水无常形，能因敌变化而取胜者，谓之神。

故五行无常胜，四时无常位，日有短长，月有死生。

注释

① 趋：疾行。联系上下文这里可以理解为仓促应战。

② 乖：背离。

③ 约：少，寡。

④ 奚：何，做疑问词使用。

⑤ 作之：有挑动之意。

⑥ 角之：有较量之意。

⑦ 错：通"措"，放置。

译文

孙子说：凡是先占据作战地点等待迎击敌人的就会轻松很多，而后赶来作战地点被动应战的就会很疲惫。因此擅长作战的人，能调动敌人而不被敌人调动。能让敌人自己到达我们预定的地域，是因为我们用利益诱惑了他；能使敌人不能到达他们想去的地方，是因为我们让敌人认为这样做是对他不利的。因此，敌人休整得好，我们就要设法让他疲惫；敌人军饷充足，我们就要设法让他饿肚子，敌人驻扎安稳，我们就要设法使敌人躁动。

出兵要去往敌人无法快速救援的地方，要突袭敌人无法预料到的地方。奔行千里而不感到疲惫，是因为行进在没有敌人袭扰的地方；进攻一定能获胜，是因为攻击了敌人没有防守的地方；防守一定稳固，是因为防守的地方是敌人难以攻克的。因此，善于进攻的人，敌人是不知道怎样防守他的；善于防守的人，敌人也不知道怎样进攻他。真是精妙啊！看不到行迹，也听不到声音，这样就能掌握敌人的命运了。

前进时敌人无法阻挡，是因为攻击了敌人虚弱的地方；后退时敌人无法追击，是因为行军速度很快，敌人赶不上。因此，只要我们想作战，敌人就算退守于高垒深沟，也不得不跟我们作战，是因为我们攻击了敌人不得不去救援的地方；我们不想作战，即使画地而守，敌人也没法与我们作战，是因为我们设法改变了敌人的进攻方向。

因此，敌人暴露行踪而我们的行踪被隐藏时，我们集中了力量，而敌人分散了力量。如果集中的我方是一份力量的话，敌人就是一份力量被分成了十份，这样我们就能用十倍于敌人的力量来进攻，所以我们人多，敌人人少，能这样以多打少，那么敌人就会大受限制。敌人不知道即将与我们作战的地方，就会在许多地方做准备；一旦他们做了许多准备，那么与我们作战的人数就会变少。因此敌人防备了前面，后面的兵力就薄弱；防备了后面，前面的兵力就薄弱；防备了左边，右边的兵力就薄弱，防备了右边，左边的兵力就薄弱。如果他们到处都防备了，那么各个位置的兵力都会相对变薄弱。敌人作战兵力少，是因为敌人要处处防备我们；我们作战兵力多，是因为我们使敌人做了许多防备。

所以，事先知道作战的地点和时间，哪怕行进千里也可以去与敌人作战；无法事先知道作战的地点和时间，那么就会前后左右都不能相救。更何况在远则数十里，近则数里范围内协调作战呢？

根据我的分析，越国虽然兵力多些，但对于战争胜负又能起多大作用呢？胜利是可以争取到的，敌人虽然人数多，但他们无法用全部力量与我们交战。所以，要通过谋划知道敌人的优劣、长短，挑动敌人以观察他们进退的规律，侦察敌情以了解地形有利还是不利，与敌人小规模较量以探明虚实和强弱。因此，将伪装佯动用到极致，就可以丝毫不露行迹。如果能做到丝毫不露行迹，那么即使有深藏的间谍也无法窥探我们的企图，即使再高明的对手也想不出应对之策。根据战场形势灵活变化、克敌制胜，即使把胜利的结果摆在大众面前，大众也不知其中奥妙。人人都知道我胜利时候的形势，却不知道我是如何胜利的。所以每次取胜都不能重复使用老办法，而是要根据不同的情况，变化无穷。

用兵就像流水一样。流水的规律就是避开高处往低处流，而用兵的规律就是避实击虚。水的流动受到地形的制约，而用兵则要根据敌情决定胜利的方式。因此，作战没有固定的方法，而流水也没有固定的形状，能够根据敌人的变化来取胜，才可称为用兵如神。

这就像五行相生相克，没有哪一个能常胜；四季更迭，没有哪一个季节会一直存在；白天有长有短，月亮有圆有缺。

现代战争应用

洞悉虚实与无形，将战场变成主场的博弈

"If you know the enemy and know yourself, you need not fear the result of a hundred battles." 这是《孙子兵法》中的名句"知己知彼，百战不殆"的英文译文。当这句话出现在号称为"反塔利班斗士"阿富汗前副总统萨利赫的社交媒体的简介中时，就非常值得反复回味了。

当我们来到《孙子兵法》第六章《虚实篇》时，一直密切关注阿富汗战争的读者朋友应该会会心一笑，毕竟将"避实击虚"贯彻到底的以塔利班为主的反美武装，才适合将《孙子兵法》中的这句名句写在自己的简介中。

以塔利班为主的反美武装在战场上"避实击虚",达成了十分戏剧化的效果——不仅使美国人用 20 年的时间在阿富汗花掉数万亿美元,还使其耗费心血扶植的亲美政权惨烈退场,总统加尼远遁他国,最终造就了"用塔利班取代塔利班"的戏剧结局。

阿富汗,不愧是传统意义上的"帝国坟场"。

2011 年,美军在阿富汗发起"落锤行动",这是 2001 年发动"反恐战争"以来规模相对较大的一次作战行动。这一年,阿富汗战争已打了十载,反美武装却越打越强,还对美军的技战术特点了如指掌。美军为摆脱战争泥淖,将位于瓦塔普尔山谷的反美武装训练基地斩草除根,"落锤行动"应运而生。

行动首日,就发生了"锤"不知道往哪落的情况。美军到达战场后发现实际情况与作战方案相去甚远,地形十分复杂,武装分子神出鬼没。美军先是遭到伏击,召唤直升机火力支援又差点儿造成火力误伤,之后被反美武装围攻,一位排长阵亡,不得不动用预备队,但运送预备队的直升机却坠毁……

想再组织反击?难!因为美军无法定位敌人藏身的具体位置,所谓的精确打击只能是"干瞪眼"。

想补充物资?难!地形复杂,天气恶劣,只能用固定翼飞机空投物资的美军常常又投错区域，不少物资直接落入反美武装囊中。

后勤补给跟不上，彻底导致美军陷入失败的境地。可见，强大的对手不可能时时强、处处强，抓住其相对虚弱的时机，就能捏住强大对手的"七寸"。

历经千难万险，美军和阿富汗安全部队终于到达目标地域，然而反美武装早已撤离，并带走了重要资料。既然收获甚少，那就打道回府吧，没想到撤退之路也是困难重重，遭遇反美武装多次袭扰，美军军心大挫。

"善战者，致人而不致于人"，分析反美武装在战场上的表现，他们正是那个会调动敌人而不被敌人调动的善战者。反美武装让装备着世界上最先进武器的美军发挥不出装备效力，身心疲惫、缺水少食，还要时刻应付伏击和袭扰，恰是"佚能劳之，饱能饥之，安能动之"的真实写照。

纵观《虚实篇》，主题非常明确，就是集中论述战场上"虚"与"实"力量转换的普遍规律，以及虚实的表征、运用等要领。其中最主要的就是，如何灵活运用虚与实的力量，把战场变成自家的主场。难怪会有"观诸兵书，无出孙武，孙武十三篇，无出《虚实》"的评价。

以塔利班为首的反美武装，就交出了一份高分答卷，这也是美军最终败走阿富汗的根本原因。

我们先来简单梳理一下阿富汗历次战争展现出的规律。

第一次英阿战争始于 1838 年，英国以绝对优势兵力入侵阿富汗。起先势如破竹，很快便兵临喀布尔城下，随后阿富汗人民展开游击战。1842 年，英国被迫撤军。

第二次英阿战争，不甘心的英国再次以绝对优势兵力，在 1878 年 11 月入侵阿富汗。这一次，英国似乎又拿到了第一次英阿战争的剧本，依然是开局顺利，后期溃不成军。1881 年，英军全部撤出阿富汗。

第三次英阿战争，爆发于 1919 年 5 月，阿富汗依旧士气高昂，使英军被迫停止进攻，还承认了阿富汗的独立。

19 世纪，阿富汗是当时世界上强大帝国之一英国的"坟场"。20 世纪，阿富汗首先挫败的就是苏联。

1979 年 12 月，苏联入侵阿富汗。仅用一周左右的时间，苏军就基本控制了阿富汗的主要城市、交通干线。当苏军进入"扫荡阶段"后，开始遭遇重重阻碍，阿军化整为零、打了就跑的游击战术使苏军苦不堪言。苏联用了 10 年时间，出动了总计百万军队，仍落个黯然撤出阿富汗的结局。在撤出阿富汗 2 年后，1991 年，苏联正式解体。

21 世纪，阿富汗继续书写"帝国坟场"的传奇。2001 年 10 月，阿富汗战争爆发。美国的如意算盘是打着"反恐"大旗，通过控制阿富汗从而控制中亚、中东地区，并在中俄之间打进楔子。这一回，美国在阿富汗的开局像英国、苏联一样顺利，塔利班政权在美军的强大攻势下迅速瓦解，美国很快扶植起亲美政权。那时春风得意的美国，怎么也不会想到20年后的塔利班会卷土重来，再次取得阿富汗政权，更想不到美军在阿富汗经营多年的军事基地和精良装备最后悉数落入塔利班之手。美国前总统特朗普如此评价道："这些年来，我们的国家从未如此蒙羞。"

从19世纪到21世纪，入侵阿富汗的国家无一不强，开局、结局都十分相似，皆以陷入阿富汗人民斗争的汪洋大海作为终章。

但是反美武装，并不具备在战略上占据主动的能力。军阀割据，民族宗教矛盾不断，大国势力博弈，一盘散沙的阿富汗只能靠"打游击战""打持久战"消耗敌人，等到敌人彻底疲惫了，不得不逃之夭夭。没错，阿富汗是靠消耗赶走了英国人、苏联人和美国人，但断断续续绵延近三个世纪的战火也使其国力趋向油尽灯枯。这一点，孙武在第二章《计篇》中就重点表达过常年的战争会给国家和百姓带来巨大的灾难。"夫钝兵挫锐，屈力殚货，则诸侯乘其弊而起，虽有智者不能善其后矣"，承受过战争的灾难后，虚弱的国力还会招致更多战乱，就算是战争天才使尽全力也无力回天。

这就是阿富汗能领悟并灵活运用《虚实篇》中提出的"出

其所不趋，趋其所不意""致人而不致于人""我专而敌分"等虚实之法，却还饱受战火摧残的原因了。一个矛盾不断、无法弥合，从上至下建立不起行之有效的体制机制的国家，且没有要素齐备的军队，在弱肉强食的世界里谁又会真正给予其尊重呢？

因此，当我们翻开《孙子兵法》这本书的时候，可以站在更高的角度来理解它。《势篇》更多聚焦于战略层面的顶层设计，顶层设计得好，相当于地基打得深、打得牢，就能抵御住各种严苛的考验，如此在战场上的胜算就更高，战后国力的恢复速度就更快；《虚实篇》则重点关注战术层面，"虚实"的方法论是什么、怎么找到敌人的弱点、怎么赢得战场上的主动等具体问题。

值得注意的是，《虚实篇》虽主要侧重于战术层面，但并不代表就没有战略高度的思考，这一篇从另一个维度深化了善守者和善攻者的含义。"善攻者，敌不知其所守；善守者，敌不知其所攻"，善于攻击的人不仅"动于九天"，还要让敌人不知道怎么防守，善于防守的人除了"藏于九地"，还要让敌人不知道怎么进攻。要想做到这种境界，必须将战略层面的设计和战术层面的实施有机结合起来。事实证明，只有在宏观的战略上、微观的战术上都取得主动，才能真正将战场变成主场，这正是《孙子兵法》的高妙之处。

随着航空技术的不断发展，将战略、战术有机结合的战略军种空军应运而生。战略空军，有独立的战略目标，即夺取制空权，也有独立的体制机制，可不依附于任何军种独立作战。这样的军种在信息化战争中起着十分重要的作用，如隐身战机能绕过敌方雷达的监视，在敌人毫无防备的情况下发射导弹，清除重要目标；预警机作为"空天之眼"，在空中搭起"中军帐"，运筹帷幄整个战局；无人机应用范围更广，侦察预警、军事打击、电子对抗、通信中继等均不在话下，被认为是一型重塑作战方式的武器装备。

2020年的亚美尼亚和阿塞拜疆在纳卡冲突中的无人机大量实战应用让国际社会刮目相看，而随后在2022年爆发的俄乌军事冲突更是让无人机成为战场博弈的焦点，也让无人机成为世界各国军队竞相追逐的发展目标。

不仅是制空权，事实上，战争中对制天权争夺的本质，是为了让敌人"不知其所守"，亦"不知其所攻"。由空及天，制天权的出现是为了进一步巩固在战场上的压倒性优势，传说中的"高边疆战略"就此破壳而出。有了制天权，抢占"高边疆战略"制高点，就更容易获取制空权、制海权、制陆地权。毫不夸张地说，谁拥有了更为强大的空天力量，谁就占据了未来信息化战争的主动权，毕竟战争打的就是信息上的不对称——你看不见我，我却知晓你的一切，如此才能在

"无形"中取胜。

不过，凡事都有例外。

让我们再次回到阿富汗战场。美军的空天力量如此强大，为什么却陷入"信息盲区"，找不到以塔利班为主的反美武装，反被频频伏击、袭扰？不仅如此，为什么美国人花了10年的时间，才最终发现本·拉登的行踪并将其击杀？

这就是"反向信息不对称"。当敌人不使用现代化的信息通信手段，只使用最原始的通联体系，或藏匿于深山、地下工事等现代科技难以窥视的地域时，再先进的侦测技术也都束手无策。

再先进的信息技术也有"盲区"。比如，在科索沃战争中，当时世界上最先进的隐身攻击机 F-117A 竟然被击落，原因却让人意料不到。以美国为首的联军自恃在电磁领域拥有压倒性优势，却忽视了雷达的"祖宗"——在第二次世界大战期间被广泛应用的老式长波雷达。绝大多数隐身飞机的隐身频段在米波和毫米波之间，而老式长波雷达的频段在米波以上，F-117A 这样先进的隐身装备刚好撞在老式雷达的枪口上，被击落也就成为"反向信息不对称"条件下的必然。

依托地下工事，进可攻、退可守，让敌人侦察不到具体位置，只能靠炮弹洗地。即使有深藏的间谍也无法窥探企图，即使再高明的对手也无法想出应对之策，这正是孙武所说的

"形兵之极，至于无形"。70 多年后的今天，地下防御工事的作用仍然不可小觑。在俄乌军事冲突期间，乌军利用经营 8 年的地下工事抗击俄罗斯联军，仅在巴赫穆特就僵持了 9 个月，俄乌双方都付出了惨痛的代价。

不过，乌军尚能藏匿于掩体躲过俄军的侦察和攻击，那么援乌的大量西方武器装备又如何躲过俄军的立体侦察呢？

靠伪装。

就连普京都指出，俄军消灭掉了能看到的西方援助的武器。言外之意就是，还有不少西方援助的武器没有被俄军窥视到。为什么俄军的立体侦察体系无法洞悉乌军漫长的补给线呢？是因为西方国家不仅为乌军提供了武器装备，同时也提供了武器运输保障的伪装技术。当俄罗斯卫星、侦察机、无人机等侦察体系抵近乌军运输车队时，乌军运输车队则快速规避。同时，乌军运输车队广泛使用可见光、红外和雷达等伪装网迷惑俄军侦察体系。不仅如此，乌军也不断使用各类假目标吸引俄军火力，从而达到隐真示假、瞒天过海的目的。伪装与侦察本身就是一对矛盾，螺旋上升，不断发展和进步。

战场上，伪装还有一个密不可分的兄弟，就是佯动。虚张声势，声东击西，以假充真，目的就是隐蔽作战目的，迷惑、欺骗敌方。

若问，《虚实篇》的精髓应用在实战中是什么模样？除了传统意义上的部队和装备调动，电子佯动已成为将胜负化于无形的神秘力量。以电子战飞机为例，电子战飞机的其中一门功夫就是实施电子佯动，通过挂载的多个雷达干扰机进行电子诱骗，可制造出数百架战斗机、轰炸机来袭的假象。不难想象，侦测到如此多敌机的防空雷达难免会立刻"懵圈"，指挥系统也面临陷入混乱，甚至是瘫痪的风险。

伪装、佯动也好，虚实、无形也罢，从战场到职场，从战火到烟火，无一不在变化中。"兵无常势，水无常形"，是《虚实篇》中流传最广的名句，告诉我们无论在何种情况下，都要因对手的变化而变，再从中寻求取胜之道。若不能"因敌变化"，再充分的筹备，再强大的力量，再有效的体制，都无法稳操胜券。

以美国为首的西方强国常常抱有这样的思想，意图依赖高科技的力量向对手实施"降维打击"，好似长着巨型犄角陷入疯狂的公牛攻击无缚鸡之力的孩童般。可他们忽略了十分重要的一点，战争的本质是意志对意志的冲突，其核心始终在于人。

固然，西方列强靠着绝对优势赢得了很多战争，攫取了很多利益，但总有啃不下的硬骨头。往昔的胜利有多辉煌，失败就有多耀眼。战略战术上一味依赖科技优势碾压敌人，再强大的军队也难免会崴了脚，然后陷入痛苦的战争泥淖，难以自拔。

因何而败？没有"因敌变化而取胜"。孙武想通过《虚实篇》告诉我们："能因敌变化而取胜者，谓之神。"

商场如战场

战略放弃与蓝海战略

作为《势篇》的延续，在本篇中，孙武的叙述重心逐渐从战略层面向战术层面转化，也就是从战略层面上的奇正到战术层面上的虚实。《虚实篇》的核心就是避实击虚，这是对待敌人的视角，而对待自己，则需要做一种取舍，因为"备前则后寡，备后则前寡，备左则右寡，备右则左寡，无所不备，则无所不寡"。

"作战"首先不是选择我要做什么，而是选择我要放弃什么；不是选择去服务哪些客户，而是选择要放弃哪些客户。避实击虚也可以说是一种放弃的智慧。

著名的《蓝海战略》的作者认为，传统市场往往像"红海"一样充斥着激烈的竞争，各企业为有限的市场份额而战，导致价格竞争和利润下降。相反，创新性的市场开创了新的市场空间，就像"蓝海"一样，这些市场是未被开发或未被充分开发的，企业可以通过创新性的理念和战略在这片蓝海中寻求增长和利润。其中，价值创新意味着创造产品或服务的新特点、新功能，以满足客户不同的需求。成本创新则是为了在市场上保持竞争力，使企业能够以更低的成本提供高质量的产品或服务。

蓝海战略提出了四个行动框架来指导企业实施创新战略，包括：

第一，尽管放弃。舍弃或减少不必要或不重要的因素，以便降低成本。

第二，削减。减少与产品或服务相关的因素，以保持市场竞争力。

第三，提升。增强产品或服务的因素，以提供更高的价值。

第四，创造。创新性地引入新因素，以提供未有的价值。

当年史蒂夫·乔布斯重返苹果时，这家曾一度陷入困境的公司正面临着前所未有的挑战。苹果当时市值低迷，产品线庞杂，市场份额不断萎缩。乔布斯意识到，苹果需要一场彻底的变革。

他砍掉了苹果庞杂的产品线，将资源集中投放到几款核心产品上。其中最为突出的就是 iPod。乔布斯看到数字音乐未来的巨大潜力，决定将重心转向这个领域。他看准了人们对便携式数字音乐播放器的需求，以及对美观、简洁设计的渴望。于是，iPod 推陈出新，成为一款革命性的产品，一时间风靡全球。乔布斯善于整合，他将 iTunes 与 iPod 相结合，为用户提供了完整的音乐解决方案，不仅创新了硬件，还创新了数字音乐的分发方式。

随着 iPod 的成功，苹果逐步回到了正轨。乔布斯并没有止步于此，他以同样的策略推出了 iPhone 和 iPad。他将公司的核心力量聚焦在极少数几款产品上，却取得了极大的成功。这种简洁而强大的产品线战略，被视为乔布斯回归苹果的最重要的贡献之一。

太阳马戏团是《蓝海战略》中的经典案例，它展示了蓝海战略的成功应用。

太阳马戏团在创办初期（创办于 1984 年），传统马戏表演市场已经相对饱和，竞争激烈，而市场的需求和偏好也发生了变化。然而，太阳马戏团通过蓝海战略，成功地开创了一个新市场。

首先，太阳马戏团颠覆了传统观念。传统马戏团主要依赖于表演，而太阳马戏团则通过结合音乐、舞蹈、戏剧、舞台美术等元素，创造出全新的表演形式，提升了表演的艺术性和娱乐性。

其次，太阳马戏团的目标客户从传统的家庭观众扩展到更广泛的观众群体，尤其是年轻人和寻求新奇体验的群体。通过改变目标客户，太阳马戏团创造了一个新的、未被开发的市场空间。

同时，太阳马戏团并不追求奢华和高成本的舞台效果，而是通过创意和创新提升表演品质，降低了制作成本，保持了高品质和较低价格。

第七章

军争篇

思维导图

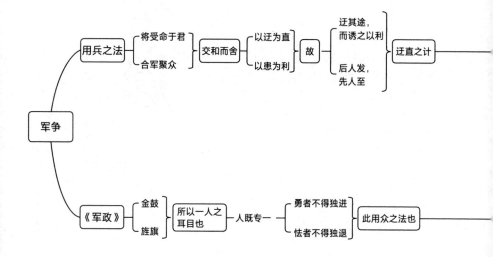

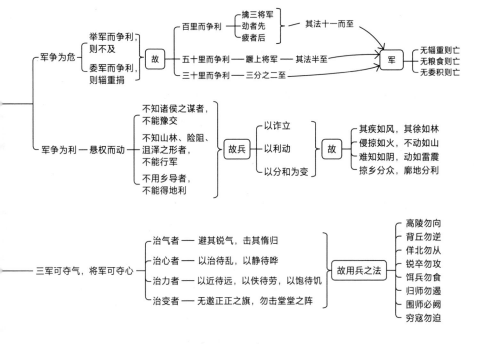

原文

孙子曰：凡用兵之法，将受命于君，合军聚众，交和而舍①，莫难于军争。军争之难者，以迂为直，以患为利。故迂其途，而诱之以利，后人发，先人至，此知迂直之计者也。

故军争为利，军争为危。举军而争利，则不及，委②军而争利，则辎重捐③。是故卷甲而趋，日夜不处，倍道兼行，百里而争利，则擒三将军④，劲者先，疲者后，其法十一而至；五十里而争利，则蹶⑤上将军，其法半至；三十里而争利，则三分之二至。是故军无辎重则亡，无粮食则亡，无委积则亡。

故不知诸侯之谋者，不能豫交⑥；不知山林、险阻、沮泽之形者，不能行军；不用乡导⑦者，不能得地利。

故兵以诈立，以利动，以分和为变者也。故其疾如风，其徐如林，侵掠如火，不动如山，难知如阴，动如雷震。掠乡分众，廓⑧地分利，悬权⑨而动。先知迂直之计者胜，此军争之法也。

《军政》曰："言不相闻，故为之金鼓；视不相见，故为之旌旗。"夫金鼓、旌旗者，所以一人之耳目也。人既专一，则勇者不得独进，怯者不得独退，此用众之法也。故夜战多火鼓，昼战多旌旗，所以变⑩人之耳目也。

三军可夺气，将军可夺心。是故朝气锐，昼气惰，暮气归。善用兵者，避其锐气，击其惰归，此治气者也。以治待乱，以静待哗，此治心者也。以近待远，以佚待劳，以饱待饥，此治力者也。无邀正正之旗，勿击堂堂之阵，此治变者也。

故用兵之法，高陵勿向，背丘勿逆，佯北勿从，锐卒勿攻，饵兵勿食，归师勿遏，围师必阙，穷寇勿迫，此用兵之法也。

注释

① 交和而舍：古代的军门称为和门。舍，驻扎。这里有对峙的意思。

② 委：抛弃。

③ 捐：损失。

④ 三将军：指三军将领。

⑤ 蹶：倒下，引申为挫折。

⑥ 豫交："豫"通"与"，与之结交的意思。

⑦ 乡导：向导。

⑧ 廓：同"扩"，指扩张。

⑨ 悬权：衡量、权衡利害轻重。

⑩ 变：这里指适应。

译文

孙武说，通常用兵的法则是，将帅从国君那里接受命令，组织民众编成军队，同敌人对阵的过程中，没有比争取先机之利更困难的事情了。而争取先机最困难的地方，是要把迂回的弯路变成直路，要把不利变成有利。所以要迂回绕道，并且用小利去引诱敌人，这样就能后出动，却先到达，这就叫懂得"以迂为直"的方法。

争取先机是有利的，同时也是危险的。如果全军带着所有的辎重装备去争取先机，就不能及时赶到；要是丢掉装备和辎重去争取先机，就会损失辎重装备。如果轻装疾行，日夜兼程，行程加倍，连续行军，走上上百里路去争取先机，那么三军将领就有可能被俘，士兵中身体强壮的先到，疲弱的会掉队，这样最终只有十分之一的兵力能到达目的地。走上五十里路去争取先机，则可能会折损先头部队的将军，结果只有一半兵力能到达目的地；走上三十里路去争取先机，三分之二的兵力能到达目的地。军队没有辎重就会失败，没有粮食就不能生存，没有物资储备就不能战斗。

不了解各诸侯国的战略企图，就不能与之结交；不熟悉山林、险阻、沼泽等地形，就不能行军打仗；不用向导，就得不到地形之利。

行军打仗，要依靠诡诈多变才能取胜，要根据是否有利决定自己如何行动，要利用分散和集中的变化原则来使用兵力。军队迅速行动的时候要如同疾风那样，缓慢潜行的时候要如同森林那样，攻击对方的时候要如同烈火那样，稳定驻守的时候要如同大山那样，隐蔽的时候要如同乌云蔽日那样，冲锋的时候要像雷霆那样。分遣兵众，掠夺敌国乡邑；扼守要害，扩张领土，分配掠夺来的利益；衡量利害得失，相机行事。能够事先懂得"以迂为直"的道理就会胜利，这就是争夺先机之利的原则。

《军政》中说，用语言指挥听不清楚，所以要设置军鼓；用动作指挥看不清楚，所以要设置旌旗。军鼓和旌旗是人的耳朵和眼睛，全军的听觉和视觉都一致了，那么勇敢的人也不能独自进攻，怯懦的人也不能独自后退，这就是指挥大部队作战的方法。所以，晚上作战多是火与军鼓声在起作用，白天作战则多是旌旗在起作用，这样做是为了适应人们的视听特点而变动使用的。

对于敌人的军队，可以打击他们的士气；对于敌人的将军，可以动摇他的决心。早上的敌人气盛，中午的敌人逐渐懈怠，到了晚上则士气衰竭。因此，善于用兵的人，总是避免在敌人气盛时交战，而在敌人懈怠时打击敌人，这就是士气的博弈。用自己的严整对付敌人的混乱，用自己的镇静应对敌人的狂躁，这就是军心的博弈。用自己接近战场的便利对付敌人远道而来，用自己的安逸休整对付敌人的奔走疲劳，用自己粮饷充足对付敌人缺衣少食，这就是军队战斗力的博弈。不要去迎击旗帜整齐、部署周密的军队，不要去攻击军容整肃、实力雄厚的军队，这就是懂得战场上的随机应变。

用兵的原则是，对占领了高地的敌人不要仰攻，对背靠高地的敌人不要正面进攻，敌人假装败退不要追击，不要去攻击敌人精锐的部分，不要去理睬敌人的诱饵，敌人撤军时不要拦阻，包围敌人要留缺口，不要过分逼迫陷入绝境的敌人。

注："军争"是争什么？这是个值得思考的问题。你可以理解为争夺先机，这种解读占多数，对应后文也相对合理；也可以理解为争夺利益，因为孙武一向讲究壮大自己；还有一种理解是争斗、战斗，也就是更接近"争"的本义。"军争"

就是指具体战斗，并不是争什么。本篇译文中的"军争"采用了第一种释义。

现代战争应用

窥见利害与迂直，以弱击强的智慧

如何以弱小的力量战胜强大的对手？这个问题不仅出现于战场上，也萦绕在工作和生活中。

在哪里可以找到以弱胜强的答案呢？各种专业书籍里没有，哲学著作里没有，西方著名军事理论书籍里也没有。

但是，《孙子兵法》里有。

来到《军争篇》，其核心并不是字面意义上的"争"，而是"利害"。如果说《虚实篇》注重虚与实之间的力量转换，那么《军争篇》则聚焦于利与害之间的关系转换。将自己的劣势变为优势，将敌人的优势变为劣势，以弱胜强的古老智慧值得所有人借鉴。

没有战术的战略无法赢得真正的胜利，没有战略的战术将奏响失败的前奏。孙武在《军争篇》从战术层面告诉我们，利害关系转换的原则是"以迂为直，以患为利"，以此来获取战场上的主动权。迂回能先至，让利可退敌，虽被孙武定义为"莫难之难"，却是十分高效的用兵之法。

1938 年，德国科学家发现了人类历史上首次核裂变。这促使德国人开始考虑，人工诱导的核裂变可能催生出一种史无前例的强大武器。带着世界上最早关于原子弹的设想，德国立即展开原子弹研究计划，日本紧随其后，英国也开始在核武器项目上投入资源，当时尚未卷入战争的美国反而紧迫感不强。直到 1941 年 12 月 7 日珍珠港被日本偷袭，美国被迫参战，并改变了对核武器的态度。

是走寻常路，集结力量在正面战场上硬碰硬，尽快打败敌人，还是绕个路，抢在德国、日本、英国前面，争取成功研制原子弹的先机，即使谁也不知道原子弹到底为何物？后者就是"迂"的策略。

当时的实际情况是，很少有人相信原子弹能研制成功，甚至有些人认为成功的概率是十万分之一。大科学家爱因斯坦在给时任美国总统罗斯福的信中也表达过研制原子弹的不确定性——"还不是那么确定，威力十分巨大的炸弹可能被制造出来"，而且"这种炸弹很可能被证明太重，无法通过航空运输"。不过，即便这条路充满着未知和荆棘，但爱因斯坦还是认为应当"采取迅速行动"。

1942 年 6 月，美国开始实施研制原子弹的绝密计划，代号"曼哈顿"。3 年时间，10 万多人参与，耗资 20 亿美元（相当于 1941 年美国军费支出的 1/3），于 1945 年 7 月成功进行了人类历史上第一次核爆炸。爆炸前，没有人知道将发生什么；爆炸后，所有在场的人都明白，世界已被永远改变。《纽约时报》记者威廉·劳伦斯这样描述爆炸场景："时间停止了，空间收缩成一个点，瞬时间天崩地裂，人们似乎有幸看到地球诞生。"首次核爆炸不到一个月，威力巨大的原子弹即投入实战，相继投在日本广岛、长崎，以雷霆之力加速战争结束。

我们不妨做这样的设想，如果美国没有倾全国之力走"曼哈顿"计划这条迂回的"弯路"将会如何？百分之百确定的一点是，在德国已经投降的情况下，反法西斯战争一定会取得胜利，但不可能在 1945 年 8 月 15 日就结束。还有一点是，美国将投入更多的兵力在日本战场。上将威廉·莱西认为，若伤亡率按照琉球群岛战役来估算，那么将有 26 万士兵死伤，要是再加上对本州岛的进攻，整个行动所需的士兵将超过 200 万。时任美国总统的杜鲁门对伤亡率的估算同样不乐观，他个人估计将有不少于 50 万人伤亡。参加两次原子弹投放任务的飞行员查尔斯·斯韦尼说："法西斯总打着最漂亮的旗帜去掩饰最卑鄙的阴谋……我很高兴战争这样结束。"

我们完全有理由认为，正是美国绕的这条"弯路"，才能以相对较小的代价加速第二次世界大战的进程，并沿着这条"弯路"一跃成为世界超级大国，对世界施以无法抹去的重要影响。

通过"曼哈顿"计划，我们窥见了"以迂为直"的力量。"先知迂直之计者胜，此军争之法也"，通过迂回路线给敌人出其不意的致命一击，掌握战场上的主动权，正如美国率先打开"核时代"的闸门，最终赢得胜利一样。必须要注意的是，"以迂为直"的精髓并非只走弯路不走直路，而是两条路都要走好。一方面，美国在正面战场削弱德、日力量，另一方面，美国下定决心加速研制核武器，才能靠着原子弹以最快的速度赢得战争的胜利，最大限度减少己方伤亡，并吃尽"曼哈顿"计划带来的红利，一直延续到今天。

与"以迂为直"密不可分的是"以患为利"。1987年，一部西方主导的国际条约《导弹及其技术控制制度》正式出台，其底层逻辑就是"以患为利"。

冷战结束之后，埃及、巴西等发展中大国开始进行导弹技术研发。这对美国来说并不是一个好消息，大家都掌握了导弹技术那还了得！为禁止更多国家拥有导弹，保持自身技术领先，美国和西方七国经过秘密磋商，催生出了《导弹及其技术控制制度》。加入协议，相关导弹技术就可以共享，还可以根据实际情况进行交易；不加入协议，导弹或无人机技术出口时就要受到严格限制。

以"导弹技术共享"的利做诱饵，上钩后行"技术出口管控"之实，最终达到"阉割"参与国导弹技术，巩固其全球霸权的目标再清晰不过。即便对外宣称协议的目的是"防止大规模杀伤性的导弹和无人机等技术在全球范围内扩散"，也不能改变加入协议后不仅没技术，还被限制使用导弹的事实。对美国的铁杆盟友看似是双标，但究其本质还是限制。《不扩散核武器条约》也是美国等国家如法炮制的一部所谓限制性国际法。

随着科学技术的发展，战争的技术方式在每个阶段都有不同特点，但战争原则始终岿然不动。从席卷世界的战争、局部冲突到国际关系的博弈，都能在中国古老的兵书里找到"以迂为直，以患为利"的影子。

只不过，在争取先机、转换利害的过程中，往往伴随着危险。孙武告诉我们："军争为利，军争为危。"在冷兵器时代，这一危险主要表现为辎重装备与行军的矛盾——带着所有辎重装备会拖延行军速度，失去先机，而轻装疾行会因士兵劳累造成兵力损失。而在现代战争中，要想抢占先机，使劣势变为优势，要承受的军争之危远比损失辎重、损失兵力严重得多。

1999 年，以美国为首的北约介入科索沃危机，主要矛盾从地区民族矛盾上升为北约与南联盟之间的矛盾。北约高举"人权"大旗向南联盟展开 78 天的狂轰滥炸。面对拥有绝对空中优势的北约，南联盟不得不选择妥协并从科索沃撤军，并接受北约部队驻兵的要求。就在北约志得意满之时，在南联盟有重大战略利益的俄罗斯早已心怀不满。

为了在接下来的联合国安理会的谈判中争取政治筹码，打破北约垄断科索沃的政治企图，俄罗斯决定抢占先机，争夺战略要点。于是，科索沃最大的机场普里什蒂纳机场成为首选目标，一场震惊世界的"闪电战"很快拉开帷幕。

赶在停战协定尚未正式生效前，200 余名俄空降兵向 500 千米外的普里什蒂纳机场疾驰而去，同时，英军正从与俄军路线相反的方向赶往普里什蒂纳机场。很明显，这是一场与时间的赛跑，谁先抢占先机，谁就能在谈判桌上赢得主动，为自己争取更多的利益。

最终，俄空降兵以"其疾如风"之势，提前一小时抢占了普里什蒂纳机场。晚了一步的英军，第一时间吃了亏就会一直吃亏，虽人数有 7000 之多，还拥有绝对的装备优势，但面对已占领机场的俄军仍不敢轻举妄动，只好在机场和俄罗斯人谈判。经过谈判，俄罗斯达成了其战略目标：允许俄罗斯派遣 3600 多名官兵到维和部队，普利什蒂纳机场继续由俄军控制，但向各国维和部队开放。

　　200 人，7.5 小时，奔袭 500 千米，对峙 7000 人的部队，"后人发，先人至"，不费一枪一弹打乱北约的战略部署，这就是孙武军争之道的智慧。先机之利往往伴随着军争之危，如果俄罗斯没有抢占先机，或是抢占了先机但没有守住普里什蒂纳机场，将会有什么样的后果？后果就是北约会把俄罗斯的影响力从巴尔干半岛彻底赶出去。这是俄罗斯难以承受的巨大政治代价。

　　显然，在趋利避害的过程中，战术上的成败影响着战场走势，占取先机则容易达成目标，落于人后则处处被动。综观《孙子兵法》，我们会发现决定成败的要素除了有没有抢占到先机、有没有占据主动、有没有做好战争准备外，还有很多左右战争胜负的要素，其中一种非常重要的要素就是"金鼓、旌旗"，即指挥通信。

　　"夫金鼓、旌旗者，所以一人之耳目也"，在久远的冷兵器时代，指挥通信主要靠视觉和听觉，旗语、烽火依托视觉，战鼓、号角依托听觉。从周幽王为博褒姒一笑而"烽火戏诸侯"的故事不难看出，西周时期的指挥通信已自成体系。关于烽火台最早的记录就始于 2700 多年前的周幽王时期，每隔一段距离筑起一座烽火台，敌人入侵时，烽火台一个接一个点燃以传递敌人进攻的信息。

　　不过，单纯依赖视觉和听觉的指挥通信方式所能提供的信息量十分有限，进入近代，随着有线和无线通信技术相继问世，指挥通信发生重大变革。1854年，有线电报开始用于通信指挥；第二次世界大战期间无线电技术快速发展，开始出现了野战电话机、交换机、电台等设备；20世纪60年代后期，数据网和计算机网开始逐步用于通信指挥。通过梳理指挥通信技术层面的变化，我们能感受到随着技术进步，战争的形态越来越复杂，指挥通信对战争走向的影响也越来越深刻。

1986年苏尔特湾（又译锡德拉湾）海战，美军率先摧毁利比亚军队的指挥控制中心及通信设施，变成瞎子、聋子、哑巴的利比亚只能被动挨打。俄军在叙利亚展开军事行动期间，主要针对叙利亚境内反政府武装的通信网络进行电子攻击，运用伊尔-20电子侦察飞机、鲍里索格列布斯克-2通信干扰系统、克拉苏哈-4地面电子战系统等装备，通过电磁压制、信号屏蔽等手段使包括"伊斯兰国"和反政府武装在内的指挥通信网络瘫痪，为己方战机空袭提供相对安全的作战环境。

血的事实摆在眼前，指挥通信阵地若失守，无论是在冷兵器时代还是信息化时代，结局都难逃一败。甚至可以说，谁率先使对手的指挥通信网络瘫痪，谁就能在战场上赢得胜利的先机，毕竟指挥通信之于战争而言是神经网络般的存在，没有大脑决策，没有神经连接，失去了视觉、听觉，发不出一个音节，还谈何调兵遣将、决战沙场！

随着战争的车轮进入信息化时代，乃至智能化时代，指挥通信的一体化特征愈加明显，从顶层到基层，从前方到后方，从人员到装备，从空天到地面，乃至到深海，都由数据链紧密相连。从战术层面上看，数据链如何连接战场上的各个要素以达成作战的目的呢？从第一次车臣战争中俄军斩首车臣领导人杜达耶夫的战例中，我们可以窥探一二。

1996 年 4 月 22 日，俄军盘旋在空中进行监测的 A-50 预警机捕捉到了杜达耶夫的手机信号，锁定其准确位置后，将数据通过机载"彩虹一代"数据链传递给俄空军苏 -25 飞机。几分钟后，苏 -25 飞机在距目标 40 千米的地方发射了 2 枚反辐射导弹，导弹顺着手机信号向杜达耶夫袭来，将他和 4 名保镖当场炸死。

无论孙武对于战争有多么卓越、超前的想象力，他都不会想到在 2000 多年后的战场上，数据链是战争的基础支撑，更不会想到有战机在九天之上寻着手机信号击毙敌方首脑，但这一切并不妨碍孙武揭示指挥通信的要旨。"人既专一，则勇者不得独进，怯者不得独退"，打通军兵种之间的数据链路，将多种要素纳入"一张网"，实施精准高效的作战指挥，使勇者、怯者都能完成自己的任务，这就是"用众之法"。

从古代战场到未来战场，指挥通信随着技术的发展注定拥有完全不同的模样，但其根本目的从来没有改变过，即统一行动，统一意志，最大限度发挥战斗力以夺取胜利。在统一行动和统一意志的过程中，还有一个重要的变量影响着整体战局，那就是士气。"三军可夺气，将军可夺心"，打击敌军的士气，动摇敌军将领的决心，哪怕我方处于劣势，也能凭借士气抢占战场先机。

在俄乌军事冲突期间，由于西方掌控了绝对国际话语权，战场舆论几乎一边倒。一时间战场假消息四起、谣言泛滥，其目的就是动摇对手国家的军心、民心，从而迫使对手屈服。可见，俄乌军事冲突的最大看点不仅在真实的战场，也在舆论对抗的信息战场。如今，先进的军事强国纷纷研制部署"心理战飞机"，其目的就是要扰乱视听，动摇对方的军心、民心，摧垮士气。

士气如此重要，难怪《军争篇》会告诫我们"无邀正正之旗，勿击堂堂之阵"，遇到部署周密的对手不要迎击，面对实力雄厚的敌人切莫攻击，见好就收，懂得进退，要做战场上深谙随机应变的"治变者"。事实上，一支军队能做到"正正之旗""堂堂之阵"，何尝不是另一个层面的慑战？与之相向，若分裂对手的力量，使之矛盾重重，士气无法凝聚，亦是当今世界上常见的削弱对手、强大自己的手段。

对中国人而言，提到"中东"，首先想到的就是连年不断的战乱。剖析中东乱局的根源，并不是表面上的宗教、民族问题，而是美、英等国利用表面矛盾煽动混乱，使中东不断分裂、衰败，从而攫取大量的利益。2023 年 4 月 12 日，伊朗代表团抵达沙特阿拉伯首都利雅得，筹备重开使领馆事宜。外媒这样评价这次历史性的握手："随着沙特阿拉伯、伊朗这对昔日'宿敌'在中国斡旋之下实现复交，中东地区正掀起'和解潮'，这推动着中东地区的团结。"只有团结，士气才有凝结的土壤，目标一致、步调统一，才有可能在国与国的博弈中占取先机。在这里，不得不提到一点，中国积极斡旋中东国家和解的本质也是一种"以迂为直"的策略，巧妙化解逊尼派和什叶派的矛盾于无形，让伊斯兰世界走向团结，恰恰是西方霸权主义国家最为恐惧的一幕。

《军争篇》的开头，告诉我们用兵的法则要如何，要"以迂为直，以患为利"；《军争篇》的结尾，则告诉我们用兵的法则不要怎样，即"高陵勿向，背丘勿逆，佯北勿从，锐卒勿攻，饵兵勿食，归师勿遏，围师必阙，穷寇勿迫"。要与不要之间，深藏着利害关系转换的诀窍和以弱击强谋取胜利的智慧。战争不是一味杀戮，胜利绝非消灭敌人那么简单粗暴。在争取先机、掌握主动权的过程中，哪些要做，哪些不能做，《军争篇》从战术视角非常细致的表达可供每一个人深入思考。

商场如战场

提升团队士气的办法

《军争篇》紧接《虚实篇》，这一篇将视角转向了更为具体的战斗层面，也更加地微观。如果说在战术层面上还有运筹帷幄的空间，而在具体的战斗中，则更考验临场指挥的能力。

在"军争"中，如何让自己的军队保持高昂的斗志至关重要。在文中，孙武也提到了"掠乡分众，廓地分利，悬权而动"等内容，争到了利益，然后怎么办？当然是要分给大家。虽然在商场上没有在战场上那般残酷的抢掠，但如何处理好利益分配问题，如何鼓舞团队的士气，是永远的主题。军队如果不能将获利分配给官兵，那么就很难持续在战场上获胜。做企业也是一样，适当的分配激励机制，是企业管理的重要内容。

《管理的常识》一书中提到了人们工作的五大理由：赚钱是工作的直接原因，是大多数人工作的主要动力之一；工作是人消耗能量的主要方式，满足生理需求；工作让人们在社会中交流，满足人际交往需求；工作可以让人获得成就感，实现目标、产出作品等；工作带来社会地位认可，是个人社会地位的来源。

基于员工工作的五大理由，她结合弗雷德里克·赫茨伯格的观点，分析了保健因素和激励因素的重要性与区别。

保健因素则是基本的、必要的因素，通常与员工的基本需求和工作条件相关，如薪资、福利、工作环境、培训等。这些因素是为了满足员工的生理、心理和社会需求。虽然保健因素不一定能直接激励员工，但缺乏这些因素会导致员工流失和低绩效等问题。

激励因素是能够激发员工积极性、创造力和工作热情的因素。这些因素通常与工作本身的性质、任务的挑战、成就感以及个人成长等相关。激励因素使员工感到工作具有意义，比如，晋升机会、奖金制度、成就感、学习机会、创新空间等。这些因素能够提高员工的投入度和工作质量，激发员工更高水平的绩效。

激励政策的具体实施要注意三个问题：

第一，激励因素只能由少数人获得，这样才能保证激励因素起作用。如果它能被所有人轻松获得，激励因素就会逐渐变为保健因素，不再产生激励作用。

第二，奖金必须跟随绩效波动，不能使之制度化。

第三，使人员保持流动，这样激励因素也会不断被调整，使其不会停下来变成保健因素。

《管理的常识》一书的作者曾举过一个银行的例子，是保健因素反过来成为激励因素的经典演绎。

有一家银行为员工提供了丰厚的福利，涵盖了牙科服务、健身体验、休假和度假等。其中还有一条最"福利"——银行员工可以利用一年的时间带薪脱产学习。这些本来是全员获益的保健因素，但这家银行对这些福利进行了分级评定。比如，脱产学习一年需要1000分，看牙需要400分，自我健康管理需要200分，父母健康管理需要200分。他们对这些福利进行评分的目的是什么呢？与员工的绩效评定挂钩。也就是说，员工在年底会接受绩效评定，比如一个员工得了1200分，就可以在这些福利项目中进行选择；如果可凑满1800分，这些福利就全部归员工。这样就巧妙地使员工获得了"超额激励"。

阿里巴巴是中国最大的电子商务公司之一，也是全球最大的零售交易平台之一。在阿里巴巴的发展过程中，良好的奖励制度和激励机制发挥了重要作用。

首先，阿里巴巴注重股权激励机制。公司实行了广泛的员工持股计划，员工可以通过购买公司股票或获得股权奖励与公司共享成果。这种股权激励机制让员工与公司的利益紧密相连，激发了员工的积极性，使他们更加努力地为公司的成功贡献力量。

其次，阿里巴巴鼓励员工创新和创业。公司设立了"创新奖"和"创业奖"，以表彰和激励员工在技术创新、业务创新和商业模式创新方面的贡献。此外，阿里巴巴还积极支持员工创办自己的创业项目，为其提供资金、资源和指导，帮助员工实现创业梦想。这种创新创业的奖励制度鼓励员工敢于尝试和突破，推动了公司的持续创新和发展。

同时，阿里巴巴注重员工的职业发展和培训。公司提供了广泛的培训机会和职业发展计划，鼓励员工不断学习和提升自己的能力。员工可以通过参与培训课程、项目挑战和跨部门合作等方式，获得晋升的机会和更高级别的职位。这种关注员工发展的奖励制度吸引了大量人才的加入，并使阿里巴巴打造出一支高效、专业的团队。

阿里巴巴的成功证明了良好的奖励制度和激励机制在商战中的重要性。通过股权激励、创新创业奖励和职业发展机制，阿里巴巴激发了员工的积极性和创造力，推动了公司的持续发展。阿里巴巴的案例告诉我们，在商业竞争中，一个成功的企业需要建立良好的奖励制度，以激励员工努力和创新，从而实现业绩的持续增长。

第八章

九变篇

思维导图

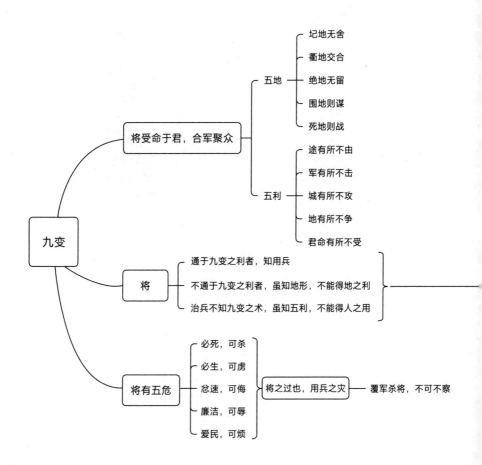

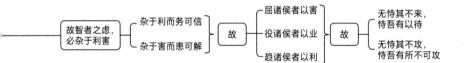

❀ 原文 ❀

孙子曰：凡用兵之法，将受命于君，合军聚众。圮地①无舍，衢地②交合，绝地无留，围地则谋，死地则战。途③有所不由，军有所不击，城有所不攻，地有所不争，君命有所不受。故将通于九变之利者，知用兵矣；将不通于九变之利者，虽知地形，不能得地之利矣。治兵不知九变之术，虽知五利，不能得人之用矣。

是故智者之虑，必杂于利害。杂于利而务可信也，杂于害而患可解也。

是故屈诸侯者以害，役诸侯者以业④，趋诸侯者以利。

故用兵之法，无恃其不来，恃吾有以待也；无恃其不攻，恃吾有所不可攻也。

故将有五危：必死，可杀也；必生，可虏也；忿速⑤，可侮也；廉洁，可辱也；爱民，可烦也。凡此五者，将之过也，用兵之灾也。覆军杀将，必以五危，不可不察也。

注释

① 圮地：水网、沼泽等难以通行的地区。

② 衢地：交通便利、四通八达的地方。

③ 途：指道路。

④ 业：事情。

⑤ 速：急躁之意。

译文

孙武说，通常用兵的法则是，将帅从国君那里接受命令，组织民众集结成军队，在难于通行之地不可宿营，在四通八达的地方应该结交各诸侯国，在难于生存之地不能停留，在容易被包围之地要巧出计谋，在走投无路之地要坚决奋战。有的路不要走，有的军队不要打，有的城池不要攻，有的地盘不要抢，国君的命令有的也不要接受。将帅能够通晓战场上的各种变化，能够趋利避害，就是懂得用兵的；将帅不通晓战场上的各种变化和利害，就算了解地形，也不能占得地利。指挥军队却不知道各种变化及应变的方法，即使知道"五利"，也不能充分发挥军队的作用。

所以高明的将帅在考虑问题的时候，必须兼顾利与害两个方面。在不利的情况下看到有利条件，可以树立信心；在有利的情况下看到不利条件，才能排除祸患。

要使诸侯们的力量不能施展，就要用他们害怕的事情去伤害他们；要使诸侯们疲于应付，就要驱使他们不得不做各种事务；要使诸侯们被动地奔走，就要用小利去引诱他们。

所以用兵的法则是，不要指望敌人不来，而是要依靠自己做充足的准备；不要指望敌人不进攻，而是要依靠自己强大的力量使敌人不敢进攻。

将领有五种致命的弱点：只知道拼命，可能会被诱杀；贪生怕死，可能会被俘；急躁易怒，可能经不起侮辱；清廉正直，可能会陷入敌人故意陷害的圈套；爱护百姓，可能容易因敌人的暴行而烦扰。这五种弱点，是将领的过错，也是用兵的灾难。军队覆没，将领身死，都是由于这五种弱点引起，不可不警惕。

注：在春秋战国时代，承载文字的信息主体是竹简，而复制信息的方式是手工抄录，这样的传播方式自然很容易出差错。《孙子兵法》在战国时期广为流传，不少人为其作注，也出现了许多仿效者，《孙子兵法》一度从 13 篇膨胀到了 82 篇，后来经过曹操的精简回到了我们现在熟悉的样子，但那些曾经存在过的奇奇怪怪的版本也很有可能混了进来，我们在前

文的解读中也分享过一些可能存在的文字谬误。

这个一直潜藏的问题到《九变篇》时到达了巅峰，《孙子兵法》13篇中，几乎每篇都有一个明确的主题，而且行文逻辑很清晰，但唯独《九变篇》看似在讲随机应变，但前后内容存在不小的割裂感。一些人怀疑这一篇经过了大规模的修订，甚至原本就不存在，是由其他效仿者的内容拼凑而来的。在唐朝流传的版本中，就有把《九变篇》和后面的《九地篇》抄在一起的，这也说得过去。究其原因，是因为《孙子兵法》的作者孙武是否真实存在一直有着不小的疑问，尽管孙武在《史记》中出现过，但春秋战国的典籍里鲜有他的身影。

尽管如此，《九变篇》的内容看起来依然是相当精彩的。前面说这些仅仅是为了告诉读者朋友们，我们读古文是为了学习古人的智慧，不必钻进字眼里强行建立某些莫须有的逻辑，如果你在读这篇内容时心存疑问，那并不一定是你错了。

现代战争应用

通晓生变与应变，在变中取舍的方法

"我们正处于一场叫作和平的战争中。"美国前总统尼克松

曾在 20 世纪 80 年代表达过这样的观点。

虽是来自美国统治集团的视角，但从这句话的背后可以感受到更深层的意义——即便此时正处在和平年代，但战争依然以不同的形式萦绕着每一个人。人与人之间的利益争夺，公司与公司之间的竞争，国与国之间力量的博弈，何尝不是一场场形态不一、规模不同、影响各异的战争呢？在一场接一场无法止息的战争中，唯一的相同点，就是"变"。

当我们来到《九变篇》，就会发现这一章的核心也是"变"。九，在中国文化中代表着数量上的无穷无尽，"九变"，则可以简单理解为无穷无尽的变化。避免突然生变，还要随机应变，"通于九变之利者，知用兵矣"，通晓变化，趋利避害，才是懂得用兵之人。

《九变篇》主要围绕三个主题展开：五地（《九地篇》扩为九地）、五利、五危。在展开论述主题之前，孙武首先明确了战场上"变"的物质基础——军队，"受命于君，合军聚众"，其重点在于后四个字"合军聚众"。

没有组织民众的过程，就无法成军，这个"合军聚众"的过程，就是我们熟悉的兵役制度。兵役制度是一项重要的军事制度，其建立和发展对一个国家军事力量的强弱起着重要作用，同时也是反映该国军事战略取向的重要指标。

中国目前的兵役制度实行以志愿兵役为主体，志愿兵役与义务兵役相结合的兵役制度。现行兵役制度的优点在于，一方面保留了志愿兵役制的优点，如可使志愿服役者有较长时间在部队服役，有利于其熟练掌握复杂的军事技术与装备操作；另一方面通过义务兵役制保持兵员年轻力壮、使更多人服役的优点，弥补志愿兵役制不利于后备力量积蓄的弊病，可以支持军队保有强大合力。

放眼世界，各国的兵役制度基本上可以归为征兵制、志愿兵役制（又称募兵制），以及混合兵役制，如征兵制和志愿兵役制的混合制。

俄罗斯目前实行义务兵役制与志愿兵役制相结合的混合兵役制度。在俄乌军事冲突期间，俄军重点使用志愿兵，而不征召预备役人员和义务兵役制军人参战，新兵也不会被派往任何"热点地区"。普京特意强调，在特别行动中既定任务将只由职业军人完成。所谓职业军人，我们可以理解为"合同兵"，就是通过志愿兵役制招收的志愿人员，这些人员都是专业军事人员。如今，俄军要大幅度扩军，重点就是招募更多有战斗经验的志愿人员。

乌克兰目前的兵役制度随着俄乌军事冲突的深化发生了比较大的变化：一是征兵大幅放宽年龄限制，二是拒绝相对应年龄的人员离境以确保兵源基数，三是大量征用训练有素的雇佣兵对抗俄军。

美国作为俄乌军事冲突的幕后推手，其兵役制度的变化对美军军队建设和军事战略产生了不可忽视的影响。美国自建国以来，先后实施过民兵制、募兵制、征兵制、征募混合制等兵役制度，自1973年开始实施"全志愿兵"的兵役制度，规定年满17～35周岁的男女，智力、身体达标者均可加入美军。

"全志愿兵"制度作为募兵制度的一种，因缺乏强制性使征兵逐渐成为"老大难"，呈现出经济越繁荣入伍人数越少，兵员质量越差的趋势。除了征兵难，军事动员能力变弱也是"全志愿兵"制度引发的另一负面影响。在伊拉克战争最艰难的阶段，美军就出现了补充兵力不足的现象，从而不得不推出"止损"政策，要求士兵在服役期满后仍继续服役，并为其提供每月500美元的特别补偿金。重赏之下，必有勇夫。

至于雇佣兵是否可以作为国家军事力量的重要补充目前还存在争议。一些国家的法律法规限制"私人拥兵"，雇佣兵与国家军队之间的隶属关系存在争议，再就是雇佣兵在国际法中的责任认定问题。这些问题都是制约雇佣兵进一步发展的主要瓶颈。

可见，兵役制度对一个国家的军事力量有着重要影响，甚至起着决定性作用。从美国的征兵难中能看到兵役制度对军队的重要影响，从第二次世界大战期间德国的征兵难中，则能看出兵役制度对军队的决定性作用。德国在战争后期兵员严重不足，只能招募仆从国的军人补充军力，结果不言而喻，必然一败涂地。

除美国、俄罗斯、乌克兰这几个我们比较熟悉的国家外，还有一些国家的兵役制度值得关注，比如中国的近邻泰国。

泰国实行"义务兵役制"，宪法规定每一个达到服役年龄的公民都必须进行兵役登记，包括变性人。凡是进行了兵役登记的人都要服役吗？不是，靠抽签决定。如果抽中，就意味着当年必须服役。这就是很多人将泰国兵役制称作"抽签义务兵役制"的原因所在，主打一个"随缘"。每年4月，进行了兵役登记的泰国男性都要在规定时间段去征兵点抽签，来决定谁是"有缘人"。"红色签"代表必须服役2年，"黑色签"代表可以直接回家。

有了"合军聚众"的基础，才有接下来的"九变"。我们先来看五种不同地形的应对方法。

第一种"圮地无舍"，字面上的意思是在难于通行之地不可安营扎寨，若探究其更深一层的含义，可延伸为在地势复杂之地不可恋战。阿富汗为什么会成为"帝国坟场"？当然离不开其重要的地理位置。作为亚洲的十字路口，阿富汗成为帝国眼中的肥肉并不奇怪。但之所以称之为"帝国坟场"，主要因为阿富汗的地理环境实在复杂，兴都库什山脉横贯全国，境内有五分之四的土地都是山地和高原，正是孙武所说之

"圮地"。当"帝国军队"深入异国他乡的"圮地",就会发现这里俨然成为他们的噩梦,再先进的装备也无用武之地,再全副武装的士兵也会迷路,进难进,退难退,补给脆弱,可见阿富汗"圮地"的可怕。

第二种"衢地交合",孙武告诉我们在四通八达的地方要搞好外交,这就涉及地缘政治的概念。一般来说,如果一国处在四通八达的地方,那么所面临的地缘政治将十分复杂,而且并不是抱着与邻国交好的心态,就能达到"衢地交合"的战略目的。民族宗教的矛盾,国内复杂的国情,被大国操纵的无奈,种种原因叠加起来使得处在"衢地"的国家战乱频发。

中东地区就是十分典型的"衢地"。与其说中东地区长期战乱不断,还不如说中东外交十分盛行,谁都想通过外交影响中东。如,美国在"伊朗核协议"上的反反复复就是出于反对伊朗、反对什叶派的原因;美国通过外交拉拢逊尼派,制衡什叶派也是为了确保美国对中东的控制;同时,中国在中东地区斡旋,协调化解逊尼派和什叶派矛盾,让彼此重归于好更有助于中东和平稳定,但不符合美国等西方国家控制的需求。

与中东形成鲜明对比的是美国,美国地处北美洲大陆中段,北方邻国只有加拿大,南方邻国只有墨西哥,外交关系简单，地缘政治有着十分突出的天然优势。且纬度适中，地形以平原为主，可耕种面积世界第一，堪称"天选之地"。从19世纪80年代起，新兴的美国正式取代英国坐上世界工业生产的头把交椅，直至今天。从第二次世界大战后通过马歇尔计划领导西方阵营，到拖垮苏联获得冷战胜利，美国之所以能成就世界霸权，与其优越的地缘政治密不可分。937万平方千米的土地支撑起超级大国的骨骼，几乎没有短板的资源支撑起现代工业的基础，广袤肥沃的土地养活重要的战略资源——人口，加之地理位置远离欧亚大陆，周围的邻居对美国没有任何威胁，可以集中力量投入生产……成就世界霸权，以上种种优势缺一不可。

不过我们也应该看到，生活在"安乐窝"中的美国已享受了百年地缘政治的红利，近年来不得不面对红利背后的负面因素——从国家安全的角度来看，政府自以为是，心存侥幸心理，老百姓自然也对国家安全漠不关心。让我们共同回忆"9·11"事件之前的美国，那时美国政府对恐怖主义不以为意，对阿富汗和基地组织问题的处理方式也相对温和，直到失联的飞机相继撞上世界贸易中心双子塔和五角大楼，美国政府才惊觉自己不可一世的面具已经开裂。

同样幅员辽阔的中国，地缘政治却明显要复杂得多，中国的地理位置是非常典型的"衢地"，处在亚洲中心，陆上邻国

14 个，海上邻国 6 个。20 个邻国中有的是中国的朋友，有的和中国存在领土争端，还有的在一些问题上与中国立场迥异。虽然外交环境如此复杂，但中国还是做到了"衢地交合"，一直以来奉行独立自主的和平外交政策，维持了长期和平的周边环境，为国家的全面发展提供了坚实保障。

第三种"绝地无留"，就是在绝地不要停留。如果只把"绝地"单纯理解成不毛之地，未免有些太局限于表层含义，"绝地"也包括可能使一个国家或一个团体、一个人陷入绝境的地方，即使这个地方沃野千里，充满生机。1962 年发生的古巴导弹危机，是绝地另一层含义的生动诠释。苏联声称要按照协议"援助"古巴，继续在古巴部署导弹，对美国的威胁"将进行最激烈的回击"；美国则封锁了古巴海域，部署在世界各地的核部队和常规部队都奉命处于"高度戒备状态"，热核战争一触即发。在如此剑拔弩张之时，古巴就是苏联的绝地，若苏联不撤走部署在古巴的导弹，那么苏联将拉着全世界走进难以收拾的绝境。迫于压力，苏联最终撤走了在古巴部署的 42 枚导弹，持续了 13 天的导弹危机就这样平息下来。

第四种"围地则谋"，在易被包围的地方要出奇谋。奇谋、诡道，都是孙武在战术上提倡的基本原则，皆靠"变"来争取战场上的主动。事实上，将"围地则谋"的智慧应用在国际关系中，乃至商场、职场中，都能有所收获。以色列孤悬于伊斯兰世界，其乃围地，围地则谋，以色列需要具有高超的战略及外交手段才能生存。第一次中东战争爆发初期，阿拉伯联军处于十分有利的地位，以色列军队虽殊死抵抗，但依然节节败退，面临崩溃。

以色列赶紧谋划，向美国求救，在美国的帮助下，双方同意停火4周。停火给了以色列喘息之机。以色列首先扩充兵员，其次大规模采购武器，进行军事改组。经过精心的准备，以色列军队战意高昂，在1948年7月9日发动了反攻，而阿拉伯联军由于内部分歧，没有统一的军事计划，处于被动地位，一再战败。在军事失利的情况下，埃及首先与以色列签订了停战协议，随后黎巴嫩、叙利亚等国也分别与以色列签订了停战协议。

第五种"死地则战"，有种置之死地而后生的气魄。没错，很多时候人们正是靠着这种气魄"杀出一条血路"。为遏制共产主义，从20世纪中叶开始，美国就出台了各种措施制裁朝鲜，韩、日、西欧国家等也跟风"踩几脚"，对朝鲜进行不同程度的制裁，意图在国际上彻底孤立朝鲜。面对如此密集的制裁，朝鲜非但没有垮掉，反而越挫越勇。为了不使自己成为"死地"，朝鲜主要在核武器和导弹武器方面发力，将"最好的防御就是进攻"诠释得淋漓尽致。

目前，朝鲜已自行研制了多型导弹，导弹技术日趋成熟。"火星－17"型洲际弹道导弹可搭载 2～3 枚核弹头，韩媒称其最大射程超过 1.5 万千米，足以覆盖美国本土。"北极星－3"潜射弹道导弹，韩媒分析其射程可达 5000 千米，性能接近美国"三叉戟－2"型导弹。可见，最大限度展示"国家核攻击能力"，是朝鲜"死地则战"的智慧。凭借"核能力"，朝鲜最大限度抵御住了西方阵营意图将其置之死地的围追堵截。

与朝鲜"同命相怜"的还有伊朗。面对来自以色列、美国，甚至北约的威胁，伊朗决定让导弹成为一个国家的重要战略选择，与朝鲜就导弹问题进行多次密切交流。于是，伊朗成为中东地区的第二个朝鲜，建立起中东地区最大的导弹库，种类繁多，型号齐全。2020 年 1 月，伊朗对驻伊拉克美军阿萨德空军基地发射了包括"征服者－110"型弹道导弹在内的 20 多枚导弹，震惊世界的同时，使强大的美军也不敢贸然出手还击，特朗普无奈认栽就是最好的证明。

孙武看似论述了应对五种地形变化的方法，实则是在告诉我们如何利用"变"的力量夺取主动权。"变"的力量有两个层面，一个是通过变化寻求胜利，另一个是通过不变应对变化。哪些情况下"不变"呢？"途有所不由，军有所不击，城有所不攻，地有所不争，君命有所不受"。

有的路不能走，有的军队不能打，有的城不能攻，有的地不能争，有的命令不能接受，这是在瞬息万变的战场上取舍利害得失的原则。违反了原则的人，最终的结局就是失败。

"是故智者之虑，必杂于利害。"所以说真正聪明的人，考虑问题必须兼顾利与害两个方面。历次中东战争后，一个名字让阿拉伯国家咬牙切齿，甚至在加沙地带，垃圾桶上都写着这个名字，这个名字就是绰号为"推土机"的以色列"战争英雄"——沙龙。

第四次中东战争，是历次中东战争中最富戏剧性的一次，没有战略纵深的以色列一度面临被灭国的危险，却在最紧要关头扭转战局，而沙龙就是以色列逆风翻盘的关键人物。

1973 年，为收复第三次中东战争中被以色列夺取的土地，埃及、叙利亚对以色列发动突袭，第四次中东战争打响。由于情报失误，以色列被打得措手不及，巴列夫防线 20 分钟便被突破。沙龙到达前线后，发现埃及第二和第三军团结合部这个薄弱环节，并提出横渡苏伊士运河、打到埃及后方的大胆计划，立即要求发起反击，但没有获得批准。"君命有所不受"，沙龙不顾战术上的分歧，对埃及军队发起全面进攻，将其一分为二。接下来，他又率 200 人利用缴获的苏制坦克乔装成埃军，强渡苏伊士运河，搭建浮桥后掩护大部队通过，而后指挥部队截断埃军与后方的联系，并打开通往开罗的大门，一举扭转战局。

在《九变篇》中，"变"是绝对的主角，需知"九变"、知"五利"，才能称得上通晓用兵之法。只是，在孙武眼中还有一个"五危"不得不知，"必死，可杀也；必生，可虏也；忿速，可侮也；廉洁，可辱也；爱民，可烦也"。只知道死拼，危险；贪生怕死，危险；急躁易怒，危险；清廉正直、爱护百姓，竟也危险。为什么孙武告诫读者，优点也是一种危险？让我们从世界上"命最硬"的男人菲德尔·卡斯特罗说起。

冷战时期，古巴是苏联的政治同盟，这使得美国时刻都想推翻古巴政权，"古巴国父"卡斯特罗也就成为美国中情局最想暗杀的男人。令人震惊的是，据统计，卡斯特罗被中情局计划暗杀的次数高达 638 次，平均每年针对他的暗杀有十几起。当然，每一次暗杀都以失败告终，最终带走卡斯特罗的是岁月之刀。2016 年 11 月 26 日，卡斯特罗安然去世，享年 90 岁。

638 次暗杀，每次都不一样。

想利用卡斯特罗爱抽雪茄的特点，制造一种可以爆炸的雪茄，结果卡斯特罗戒烟了。

想利用卡斯特罗爱潜水的特点，制造一种靠近就会爆炸的贝壳炸弹，结果失败了。

想利用卡斯特罗演讲之际在演讲台下安装烈性炸药，结果失败了。

想利用美人接近卡斯特罗实施暗杀，结果也失败了。

卡斯特罗曾这样打趣道："今天我还活着，完全是美国中情局的过错。"

虽然每一次暗杀计划都不一样，但我们可以从中找到共同点：无论计划多么怪诞，都是根据卡斯特罗的特点制定的。无论这个特点是优点还是缺点，都是敌人眼中的弱点。所以，孙武指出"廉洁，可辱也；爱民，可烦也"，即使廉洁、爱民是优点，但不排除敌人会抓住你耀眼的优点，将其变成打败你的突破点。

生活中，我们常说"树大招风"，也是这个道理。把根扎得深，远比树冠长得繁茂更重要。因此，适度隐藏自己的特点，隐藏利害之间的关系，不失为一种制胜之道。

商场如战场

保持战略重心不变

《九变篇》在《孙子兵法》中字数较少，其中"九"并不是字面意义上的九种，而是泛指多的意思，这篇主要讲的就是如何运用"变化"。但孙武认为，"途有所不由，军有所不击，城有所不攻，地有所不争，君命有所不受"，也就是说，在学会相机抉择、因势利导的同时，也要学会选择不去做一些事。有所为，有所不为。

因为，要在战场上获得胜利，需要运筹帷幄，审时度势。但世事难料，现实瞬息万变，谁也不敢保证自己每次都能在变化中获得先机。我们可以换一个视角，在千变万化中，总会有些不容易改变的东西，为我们提供确定性，是可以把握的。在商场上，就是要我们始终抓住战略重心，始终牢记并围绕自己的最终目的，不忘初心。

《竞争战略》的作者迈克尔·波特在 20 世纪 80 年代初提出了核心竞争力理论。强调企业在其所处的产业中获得领先优势的重要性，以保持持久的竞争优势。

核心竞争力是指企业相对于其竞争对手拥有的独特优势和能力。这些优势可以来自多个方面，如独特的产品或服务、成本优势、专利技术、强大的品牌、高效的供应链管理等。

以核心竞争力为基础，企业可以选择专注战略，即集中精力在特定领域或市场细分上，以满足特定客户群体的需求。

企业长期专注一个领域，不仅可以由专注带来专业，还能够获得行业与市场的高度认可。但这要求企业能耐得住性子，禁得住诱惑，不在其他领域耗散精力。很多日本长寿企业便是这方面的典型代表。

日本以其众多长寿企业为商业特色，有些日本企业的历史甚至超过千年，成为世界之最。其中金刚组是全球寿命最长的公司之一。在1400多年前，即公元578年，金刚组由名匠柳重光正式创立。创立初期，金刚组的主要业务集中在建筑寺庙及其相关产业，对日本寺庙的维修和保护做出了卓越贡献。这些贡献包括了今天仍闻名于世界的四天王寺、法隆寺等著名的日本寺庙。随着近代的到来，日本经历了快速的发展后，也出现了许多危机。然而，与很多企业不同，金刚组却没有受到危机的影响。这主要是因为他们始终专注于本业，坚持不懈。

长寿企业的成功秘诀在于多方面因素的结合，如坚守本业、传承良好、匠人气质、经营理念坚定、文化之魂等。其中最重要的因素之一，便是他们能不忘本谋、不忘初心，在自己的理想之路上深深扎根。除了金刚组，日本还有很多长寿企业，如西山温泉、科曼旅馆、日式旅馆等。这些专注的"长寿企业"往往都是专注商业战略的践行者。

除了时间上的长寿，世界上还有很多"隐形冠军"企业，它们不像可口可乐、麦当劳那样家喻户晓，但是持续专精本业，在一些不为大众熟知的领域独树一帜，获得了成功。

这些"隐形冠军"企业在各自领域表现突出。如甜味剂行业龙头——金禾实业，只生产螺丝螺母和一些连接产品的德国伍尔特公司，专门生产给孩子吹肥皂泡用的肥皂水的德国海因公司……这些企业的成功与他们的核心技术、市场定位以及高质量产品密不可分。

企业的长寿问题是商业世界一直以来的难题。世界 500 强企业的平均寿命仅有 40 ～ 42 年，1000 强企业的平均寿命仅有 30 年。20 多年来，500 强企业早已完成了"大换血"，20 年前的上榜企业与今天的上榜企业大相径庭。这一方面说明市场竞争的残酷，另一方面也表明企业不忘初心、持续生长的难度之大。

与日本和欧美国家相比，中国企业的平均寿命要短得多。有抽样调查显示，中国民营企业的平均寿命仅有 3.7 年，中小企业的平均寿命更是只有 2.5 年。这种差异与企业的发展阶段、经营理念、传统文化、经济环境等都有关系。中国经济在改革开放之后发展迅速，但更需要沉淀下来，不忘初心，才能走得更远更久。

综上所述，企业的长寿与围绕核心竞争力、传承理念、创新、文化传统等因素密切相关。在全球市场中，企业需保持专注，提高产品质量，强化核心竞争力，以实现长寿、稳定和持续发展。

时刻记住自己的核心竞争力，有助于我们在瞬息万变的市场中岿然不动。

第九章

行军篇

思维导图

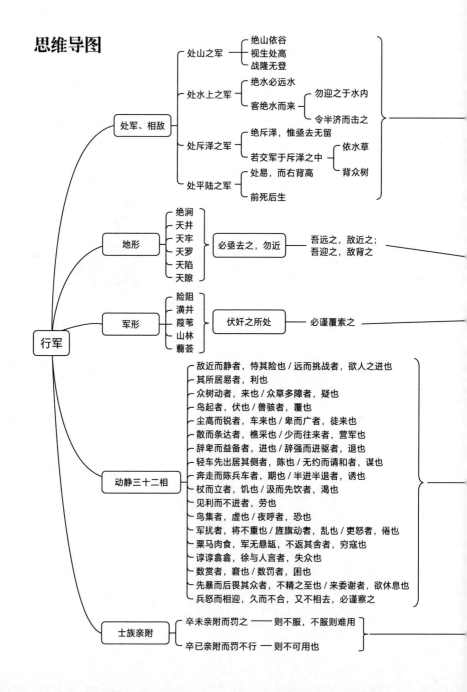

处军、相敌
- 处山之军
  - 绝山依谷
  - 视生处高
  - 战隆无登
- 处水上之军
  - 绝水必远水
  - 客绝水而来
    - 勿迎之于水内
    - 令半济而击之
- 处斥泽之军
  - 绝斥泽，惟亟去无留
  - 若交军于斥泽之中
    - 依水草
    - 背众树
- 处平陆之军
  - 处易，而右背高
  - 前死后生

行军

地形
- 绝涧
- 天井
- 天牢
- 天罗
- 天陷
- 天隙

必亟去之，勿近 — 吾远之，敌近之；吾迎之，敌背之

军形
- 险阻
- 潢井
- 葭苇
- 山林
- 翳荟

伏奸之所处 — 必谨覆索之

动静三十二相
- 敌近而静者，恃其险也 / 远而挑战者，欲人之进也
- 其所居易者，利也
- 众树动者，来也 / 众草多障者，疑也
- 鸟起者，伏也 / 兽骇者，覆也
- 尘高而锐者，车来也 / 卑而广者，徒来也
- 散而条达者，樵采也 / 少而往来者，营军也
- 辞卑而益备者，进也 / 辞强而进驱者，退也
- 轻车先出居其侧者，陈也 / 无约而请和者，谋也
- 奔走而陈兵车者，期也 / 半进半退者，诱也
- 杖而立者，饥也 / 汲而先饮者，渴也
- 见利而不进者，劳也
- 鸟集者，虚也 / 夜呼者，恐也
- 军扰者，将不重也 / 旌旗动者，乱也 / 吏怒者，倦也
- 粟马肉食，军无悬瓴，不返其舍者，穷寇也
- 谆谆翕翕，徐与人言者，失众也
- 数赏者，窘也 / 数罚者，困也
- 先暴而后畏其众者，不精之至也 / 来委谢者，欲休息也
- 兵怒而相迎，久而不合，又不相去，必谨察之

士族亲附
- 卒未亲附而罚之 —— 则不服，不服则难用
- 卒已亲附而罚不行 —— 则不可用也

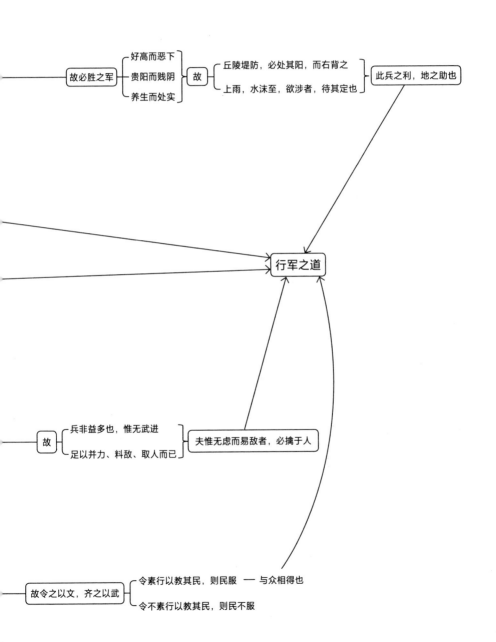

故必胜之军 —— 好高而恶下 / 贵阳而贱阴 / 养生而处实 —— 故 —— 丘陵堤防，必处其阳，而右背之 / 上雨，水沫至，欲涉者，待其定也 —— 此兵之利，地之助也

行军之道

故 —— 兵非益多也，惟无武进 / 足以并力、料敌、取人而已 —— 夫惟无虑而易敌者，必擒于人

故令之以文，齐之以武 —— 令素行以教其民，则民服 —— 与众相得也 / 令不素行以教其民，则民不服

原文

孙子曰：凡处军、相敌，绝山依谷，视生处高，战隆无登，此处山之军也。绝水^①必远水；客绝水而来，勿迎之于水内，令半济^②而击之，利；欲战者，无附于水而迎客^③；视生处高，无迎水流，此处水上之军也。绝斥泽，惟亟去无留；若交军于斥泽之中，必依水草而背众树，此处斥泽之军也。平陆处易，而右背高，前死后生，此处平陆之军也。凡此四军之利，黄帝之所以胜四帝也。

凡军好高而恶下，贵阳而贱阴，养生而处实，军无百疾，是谓必胜。丘陵堤防，必处其阳，而右背之。此兵之利，地之助也。

上雨，水沫至，欲涉者，待其定也。

凡地有绝涧、天井、天牢、天罗、天陷、天隙，必亟^④去之，勿近也。吾远之，敌近之；吾迎之，敌背之。

军行有险阻、潢井^⑤、葭苇、山林、蘙荟者，必谨覆索之，此伏奸之所处也。

敌近而静者，恃其险也；远而挑战者，欲人之进也；其所居易者，利也。

众树动者，来也；众草多障者，疑也；鸟起者，伏也；兽骇者，覆也；尘高而锐者，车来也；卑而广者，徒来也；散而条达⑥者，樵采也；少而往来者，营军也。

辞卑而益备者，进也；辞强而进驱者，退也；轻车先出居其侧者，陈也；无约而请和者，谋也；奔走而陈兵车者，期也；半进半退者，诱也。

杖⑦而立者，饥也；汲而先饮者，渴也；见利而不进者，劳也；鸟集者，虚也；夜呼者，恐也；军扰者，将不重也；旌旗动者，乱也；吏怒者，倦也；粟马肉食，军无悬甀⑧，不返其舍者，穷寇也；谆谆翕翕⑨，徐与人言者，失众也；数赏者，窘也；数罚者，困也；先暴而后畏其众者，不精之至也；来委谢者，欲休息也。兵怒而相迎，久而不合，又不相去，必谨察之。

兵非益多也，惟无武进，足以并力、料敌、取人而已。夫惟无虑而易敌者，必擒于人。

卒未亲附而罚之，则不服，不服则难用也。卒已亲附而罚不行，则不可用也。故令之以文，齐之以武，是谓必取。令素行以教其民，则民服；令不素行以教其民，则民不服。令素行者，与众相得⑩也。

注释

① 绝水：绝，渡过。渡过江河。

② 济：渡过。

③ 客：文中指敌军。

④ 亟：迅速。

⑤ 潢井：积水池。

⑥ 条达：断绝纵横的样子。

⑦ 杖：兵器，此作动词，倚兵器。杖而立，倚着兵器站立。

⑧ 瓶：指炊具。

⑨ 谆谆翕翕：谆谆，很恳切的样子。翕翕，嘴巴翕动，此处
意为迟钝拘谨。文中指长官低声下气对下属
说话。

⑩ 相得：相处融洽。

译文

　　孙武说，在不同地形的条件下行军作战和观察战场的方法
是：通过山地时要沿着山谷行进，驻扎时要选择向阳且较高
的地方，敌人占领高地时不要仰攻，这是在山地行军作战的

原则；横渡江河以后要远离河流驻扎，当敌人渡河而来，不要立刻在水中迎击他们，让敌人的兵马渡过一半再攻击，这样才有利，若要与敌人交战，不要靠近水面应敌，在驻扎的时候要选择向阳的高地，不可驻扎在下游，这是在江河地带行军作战的原则；当军队通过盐碱沼泽地带的时候，要迅速离开，不要多停留，如果同敌军在上述地形相遇，那就必须靠近水草而背靠树林，这就是在盐碱沼泽地带行军作战的原则；在平原上，应该占据开阔地带，最好是依托高地，前有天然屏障阻挡敌人，后面能进退自如，这是在平原上行军作战的原则。当初黄帝能够战胜四帝，就是遵循了这四种原则的缘故。

凡是行军作战，都喜欢高地而不喜欢低地，喜欢向阳而不喜欢背阴。占有充足的资源，军队没有各种各样的疾病，这就有了胜利的保证。在丘陵堤坝等地驻军，必须占领向阳的一面，并让主要的侧翼和后方背靠着它，这就是地形提供的有利帮助。

上游下雨，水流倾泻，要徒步跋涉的话，要等水流平稳下来。

凡是遇到"绝涧""天井""天牢""天罗""天陷""天隙"等地形，一定要快速离开，不要靠近。要让我军远离它们，而使敌军靠近它们；要让我军面向它们，而让敌军背对它们。

进军路上有隘路、湖泊沼泽、水网、芦苇丛、山林或是草木茂盛的地方，我们必须要谨慎搜索，这些都是敌军伏兵和奸细容易藏身的地方。

敌人逼近了却很安静，是因为他们自恃占据了有利地形；敌人离我们很远却敢来挑衅，是想诱惑我们前进；敌人占据平坦地形，有利于其与我们交战。

树林中树木摇动，是敌人正隐蔽前进；草丛中有许多障碍，那可能是敌人布下的迷阵；鸟雀飞起，说明敌人设有伏兵；野兽惊慌，是敌人有大部队突袭；扬起的尘土既高且尖是敌人战车驶来；扬起的尘土低而范围广，是敌人的步兵正在行进；扬起的尘土四散飞扬，是敌人在砍柴；扬起的尘土少而方向不一，是敌人在安营扎寨。

敌人的使者言辞谦卑而又加紧备战，是准备进攻了；措辞强硬又做出前进姿态的，是在准备撤退；轻车先出动并部署在两翼，是在布设阵形；没有约好就来讲和，是敌人有阴谋；敌人迅速行动摆开阵势，是想要与我们决战；敌人半进半退，是企图引诱我军。

敌人士兵倚着兵器站立，是饥饿缺粮的表现；负责供水的士兵自己先喝水，是缺水的表现；看见利益还不行动，是疲劳的表现；敌人营帐上有鸟雀的，可能是一座空营；敌人夜间大喊大叫，是恐慌的表现；敌人惊恐混乱，说明将领没有威严；敌营旌旗不整齐的，说明敌人队伍已经混乱；敌人将领容易愤怒的，是疲倦厌战的表现。敌人用粮食喂马，杀牛吃肉，收拾炊具，却不返回营地，是走投无路的表现；敌人将领迟钝而拘谨，低声下气跟下属说话，是失去人心的表现；敌人将领不断犒赏部下，说明其已无计可施；敌人将领不断惩罚下属，说明敌人处境艰难；敌人将领先暴怒后又畏惧部下，是不精明之举；敌人派使者来委婉谈判，表明敌人想休战；敌人愤怒前来，却久不交锋，又不撤退，要仔细观察敌人的企图。

兵力不是越多越好，只要不轻敌冒进，并集中兵力，判明敌情，选用人才，就能取胜。那些毫无深谋远虑又自大轻敌的人，必被敌人俘虏。

士兵还没有与你亲近，就惩罚他们，他们会不服，不服就难以指挥。士兵已经跟你亲近了，但仍然不能遵守纪律，这样的士兵不能用。所以要用道理、道义去教育军队，用军纪、军法约束军队的行动，这样才能打造必胜的军队。如果平时能对部下严格要求，管教士兵，他们就会一直服从；如果平时没有严格要求士兵执行命令，那他们就会养成不服从的习惯。士兵平时能执行命令，表明将领与士兵之间关系融洽。

现代战争应用

洞察山水与人性，藏在细节中的胜机

"红军不怕远征难，万水千山只等闲。五岭逶迤腾细浪，乌蒙磅礴走泥丸。金沙水拍云崖暖，大渡桥横铁索寒。更喜岷山千里雪，三军过后尽开颜。"

这首《七律·长征》，高度概括了红军长征路上的艰难困苦，从五岭、乌蒙，到金沙江、大渡桥，红军在长征中突破了很多像腊子口这样的天险，翻越了不少像夹金山这样"鸟儿都难以飞越"的雪山，渡过了众多像湘江、岷江这样水流湍急的大江大河。一路行军打仗，遇到了各种各样复杂的地形地貌。山地丘陵，草地沼泽，甚至是高原冻土之上，都留下了红军的足迹。

《孙子兵法·行军篇》，开篇就重点论述了山地、江河、平原、沼泽四种地形的处军、相敌之道。从《七律·长征》中即可感受到，对于红军来说，在战略转移的过程中所面对的地形、敌人，远比《行军篇》中提及的情况要险恶得多。

我们应该认识到的是，战争不是神物，在任何时期都是一种必然运动。"绝山依谷""绝水必远水""依水草而背众树""平陆处易"等不同地形条件下的行军作战和观察战场的方法依然极具价值。因为孙武要告诉我们的不仅是战术上的原则，更重要的是怎么利用地形规避短处，发扬长处，从而真正掌握"四军之利"，就像黄帝战胜四帝那样。

如果没有掌握"四军之利"，实战中没有利用好地形特点，又将如何？分析美军在其发动的多次战争中的得失，不难找到答案。

20世纪六七十年代，美国对越南发动侵略战争，最终以失败告终，其中一个原因就是美军受制于越南的地形地貌。越南同朝鲜类似，境内有四分之三的土地皆为山地高原，不同之处是越南常年高温多雨，森林茂密、沼泽遍布。这样的地形地貌叠加热带气候，使美军在越战中面临更多的困难和挑战。

蚊虫、疾病、迷宫般的雨林、难以通行的道路，在这样的客观条件下，美军在丛林作战中无法使用大口径火炮、坦克等装备作战，甚至飞机轰炸的作用也有限，还要时时防备突袭，这一切让美军再次尝到失败的滋味。实际作战情况确如好莱坞电影经常描绘的那样，美国士兵在越南的密林中举步维艰，而越南北方人民军则穿梭自如，充分利用地形、气候展开游击战，让美军节节败退。时任美国国防部长的罗伯特·麦克纳马拉，将失败归因于美军对丛林作战一无所知："我们尝到了雨林作战特有的艰辛，水蛭、蚊子、永远潮湿难耐，浓密树林构成了一个幽闭的环境。"

对丛林作战一筹莫展的美军，10年间向越南丛林喷洒了超过8000万升的橙剂（一种落叶剂），想要通过使草木枯死的方式，让对手失去天然的隐蔽屏障。尽管大量植被被破坏，尽管动用了除核武器以外的一切先进装备，美国最终还是在越南战争中不堪消耗，宣告失败，被迫撤军。至今，提起越南战争，美国人还心有余悸。

在爆发于2001年的阿富汗战争中，美国再次陷入战争泥潭。当初打着"反恐"大旗"不请自来"，20年后不堪重负"不辞而别"，究其原因，依然与地形地貌有着分不开的关系。相比朝鲜半岛、越南四分之三左右的山地高原面积，阿富汗境内的山地高原面积更大，占比达80%，只有南部有平原。如此广袤的山地不利于经济发展，却十分利于防守，入侵者只能控制平原地区，一旦深入山地难逃陷入"帝国坟场"的命运，英国如是，苏联如是，美国亦如是。

为什么高原山地是美军难以绕过去的天堑？并不全是因为美军已习惯依赖装备优势，还有一个重要原因是，山地高原这类地形地貌会迫使战争样态趋于传统。恶劣的天气、复杂的地形，使得很多威力巨大的装备失去用武之地，也使现代战争中至关重要的制空权、制海权、制信息权、制天权变得没那么重要。战场上的比拼简化为人与人的对抗，战术与战术的较量，意志与意志的博弈。如此，横行世界的美军无力落实"兵之利，地之助"，胜算寥寥实在称不上稀奇，反倒变成一种必然了。事实上，《行军篇》早已在2000多年前就向读者提醒："军行有险阻、潢井、葭苇、山林、蘙荟者，必谨覆索之，此伏奸之所处也。"隘路、湖泊沼泽、水网、芦苇丛、山林或草木茂盛的地方易有伏兵，须小心再小心。只是若有军队违背行军原则，"明知山有虎，偏向虎山行"，总与虎过不去，只能自取灭亡，纵有战神也难以挽回颓势。

浅尝过失败的滋味，再来研究胜利的机制。海湾战争堪称一场震惊世界的降维打击之战，美军出动了F-117隐身战斗机、B-52战略轰炸机、E-3空中预警机等大量高科技武器，还有三个航母战斗群游弋在地中海、红海和阿拉伯海上，其压倒性的制空优势、制海优势、制电磁优势使伊拉克毫无还手之力，战争结果自始至终都没有悬念。

海湾战争促使世界各国掀起研究新型战争的热潮，美军的胜利是如此酣畅淋漓。但这种胜利有着前提条件，就是"平陆处易"。伊拉克只有东北部是库尔德山地，美索不达米亚平原占据国土的大部分面积，大多数地区海拔不足百米，这样开阔的地形极其有利于各类大型装备施展拳脚，展开进攻。再看美军历次获得胜利的战争，如入侵格林纳达、科索沃战争、空袭叙利亚等，有一个共同特点，就是战场都以平原、盆地等有利于人员和装备机动的地形地貌为主，或者以空战场、海战场为主，这就是美军制胜的密码。

有趣的是，美国媒体对美军依赖高科技武器装备赢得战争的现状颇有微词。美国《国家利益》杂志网站曾刊登过一篇名为《美国不应依赖花哨装备》的文章，指出美国军方采购部门和军工企业都喜欢炫耀高端的武器和平台，如航母、隐身战机等，认为这样下去会让美军的战斗力大减。值得注意的是，我们不应该仅仅因为美国出现了依赖高科技武器装备的现象，就简单粗暴地认定美军战斗力不行了。无论国际秩序、国际力量发生怎样深刻的变化，科技力量仍是掌握战略博弈主动权的重要抓手。

在现代战争乃至未来战争中，科技是主观因素，地形是客观因素，两者都深刻地影响着战局，乃至国家命运的走向。在中东，有一块土地影响着中东的战与和，影响着与其相关国家的发展，乃至国际关系的深刻变化，这块土地就是戈兰高地。若在地图上寻找，戈兰高地实在不起眼，南北长71千米，东西最宽处为43千米，总面积只有1800平方千米，与中国广东省的中山市面积相当。但是戈兰高地战略价值极高，可以说谁能控制戈兰高地，谁就能居高临下攻击对手，占据中东战场的主动权。站在戈兰高地上向北可眺望叙利亚城镇，向南可俯视约旦河谷，下了高地就是加利利海东岸。

此外，戈兰高地经济价值也很高，是叙利亚、以色列、巴勒斯坦、黎巴嫩和约旦的重要水源地，被称作"中东水塔"。第三次中东战争后，戈兰高地一直被以色列占领，这对于叙利亚来说无异于头悬利剑。戈兰高地距离叙利亚首都大马士革只有 60 千米，以色列装甲部队短时间内就可兵临大马士革城下。

除了戈兰高地，影响地区和平的区域还有波斯湾的霍尔木兹海峡、埃及的西奈半岛等。特殊的地理位置，使得这些区域成为名副其实的"火药桶"。虽然《行军篇》提到的"处军、相敌"之法皆系于地形地貌，我们提到的战例也都集中在陆上，但这并不代表空军和海军不需要注意地形地貌。

空军机场的建设十分有赖于地形地貌，既要有利于战机安全快速起降，又要能确保机场安全。不少国家和地区的战机机库都刻意隐藏在大山深处，连跑道都是从山洞里延伸出来的，安全是第一位。为进一步夯实安全，机场要依托周围地形地貌做好各类伪装工作，甚至布设各类假目标。这一切举措就是航空兵眼里地形地貌的重要性。

当战场转移到空中后，地形地貌带来的影响仍在持续。地形地貌影响当地天气，当地天气影响空战场作战条件，空战场作战条件影响战术任务的实施。如雷电、积冰、不稳定气流会危及航行安全，暴风、雨雪、大雾等天气会影响飞机的起降。当飞行员在空中作战时，天气是另一个敌人，其对所执行的具体任务，如空投、伞降、轰炸等都有很大影响。

那么海战场又和地形地貌有什么关系呢？ 2021 年 10 月 2 日，美国海军康涅狄格号核动力潜艇在南海水域潜航时"撞山"，致使潜艇艇艏受损严重，声呐罩消失不见，至今这艘潜艇还无法维修。实际上，人类对海洋的了解至今都十分有限，甚至人类对宇宙的了解都比海洋要多。2023 年 6 月 18 日，泰坦号深潜器在"海底观光"时发生了内爆，5 人死亡，可见深海旅游的风险可能不小于太空旅游。从这些角度来看，我们对美军核潜艇南海"撞山"就多了一层理解：不是美军不努力，实在是海底地貌太复杂，潜艇性能再先进也难免在海底"翻船"。毕竟海洋平均深度在 3600 米以上，而美军核潜艇的最大潜深只有 600 米左右。

经探索发现，海底地貌与陆地十分相似，海底也有山脉、丘陵、沟壑、平原。为什么世界大国总利用科学考察船频繁在各大洋"科考"？其主要目的就是搜集海洋环境数据，建立数字海洋地图，服务于水面船只和水下潜艇。没有这些现代海图傍身，船只同样是寸步难行。但地球不间断的地壳运动会时常改变海底环境，同时破坏原有的海图，可见海图必须常更常新。但一旦到了战时，敌对双方会刻意破坏原有的海战场环境，如利用沉船、海底诱发断层等人为手段，让对方的数字海洋地图沦为废品。

依据地形地貌"处军、相敌"是非常重要的立营布阵之法，不掌握科学的方法、不遵循战争客观规律的后果，通过前文的介绍我们已经有了宏观的了解。然而，即便能够在战争中熟练运用地形地貌的利与害，对战场态势的掌握依然是一个难题。《战争论》的作者克劳塞维茨认为，战争中行动所依据的情况有四分之三都好似隐藏在云雾里。在科技突飞猛进的今天，任何蛛丝马迹都可能成为蝴蝶的翅膀，引发牵动战局走向的蝴蝶效应。这就是为什么在《行军篇》中，紧随"处军、相敌"之后的是"相敌三十二法"，孙武想告诉我们的是，凡事应从细微处着手，哪怕是"众树动者""众草多障者""鸟起者""兽骇者"这样的细枝末节都不能放过，甚至扬起尘土的高低、方向、范围，都是判断敌情的重要依据。只有重视细节的力量，才能在充满迷雾的战场上料敌在先，占据主动。

孙武的"相敌三十二法"，可归纳为三大类：通过对周围环境的观察判定敌人的行动，通过敌人的言辞态度推测敌人的企图，通过对敌军状态的打探判断其战斗力。

我们重点说说敌人的言辞暗藏的乾坤。

1931 年至 1941 年，日本入侵中国的 10 年使其深陷战争泥潭。为夺取资源给侵略"续命"，日本将贪婪的目光锁定在东南亚，却被美国冻结其石油贸易。眼看能源这个"命根子"

就要被掐断，日本决定闪电突袭珍珠港，全歼或重创美国太平洋舰队，以此建立日军海空优势。故事的结局我们早已耳熟能详，不过最精彩的部分不是结局，而是开始。

为麻痹美国，日本"辞卑而益备"，表面言辞谦卑，背地里加紧备战，《行军篇》用两个字揭示了表象后的真实目的，即"进也"。没错，日本首先通过外交途径向美国示好，派出公认的亲美派野村吉三郎担任驻美大使，以至于当时美国各大媒体都在报道这位代表着"和平与友好"的政客。"野村将军是伟大的美国的朋友""和平渴望来临"诸如此类的标题被刊登在醒目位置。同时，日本媒体也发表声明"不放弃和平希望"，与美国媒体隔洋共唱和平之歌，令人不得不信服。歌唱着，兵也要练着，日军在关东大搞军演，制造将与苏联开战的假象。种种伪装的背后，偷袭珍珠港的舰队正在秘密集结，最后日军利用珍珠港美军官兵享受惬意周末的时机，一举将珍珠港变成火海，用两个半小时的轰炸证明什么是"辞卑而益备者，进也"。

可见，无论是在战场还是在工作生活中，若遇到如日本对美国那般突如其来的谦恭可亲，一定要提高警惕。若不知不觉陷入敌人所设的圈套，则可能落得和太平洋舰队一样的悲惨下场，被笑里藏的刀伤到，那滋味定不好受。

跳出从敌人言行中推测其企图的视角，我们必须承认日本偷袭珍珠港的战术十分成功。短期看，日本通过周密的部署，偷偷集结了强大的海空力量促使其达到行动目的，没了美军太平洋舰队的威胁，日本相继占领了东南亚、太平洋西南部，势力甚至扩张到印度洋；但长期看，偷袭珍珠港燃起美国人的复仇心，促进了盟军的团结，更为日本本土日后遭受核打击埋下了种子。有历史学家认为，日本决定偷袭珍珠港的那一刻，就已经注定了战败的命运。当我们站在更高的角度去看待这一历史事件时，会发现它恰恰印证了孙武那句"兵非益多也，惟无武进"，兵力不是越多越好，而在于不要盲目冒进。盲目冒进的日本一定想不到最终承受的代价，将是两颗原子弹促成的投降。

与日本盲目冒进偷袭珍珠港恰好相反的，是兵不血刃拿下克里米亚半岛的俄罗斯。

2014 年初，乌克兰爆发"广场革命"，亲俄总统亚努科维奇被赶下台，乌克兰再次倒向西方。一直以来尽量用温和的、合法的方式对乌克兰施加影响的俄罗斯，此时已失去耐心。尤其当有情报认为北约图谋进驻克里米亚半岛和塞瓦斯托波尔时，普京坐不住了。

2014 年 2 月 28 日，数十架伊尔－76 运输机引擎轰鸣，载着俄罗斯独立近卫空降旅的空降兵，秘密飞往克里米亚半岛方向。对于"五行缺水"的俄罗斯来说，克里米亚半岛是让俄罗斯魂牵梦萦的土地，可以说谁控制了克里米亚半岛，谁就能控制黑海，就能辐射小亚细亚半岛、巴尔干半岛、高加索山脉，这里极富战略价值。然而，伊尔-76运输机并没有直接飞临克里米亚半岛上空，而是降落在距离克里米亚半岛不远的阿纳帕。俄军空降兵接着又转乘大型登陆舰，奔赴克里米亚半岛上最大的城市塞瓦斯托波尔，成为俄军在克里米亚半岛第一批机动兵力。开始行动后，他们摘掉所有与俄军有关的徽章，在驻扎克里米亚半岛的乌克兰军队做出反应之前，几乎一弹未发迅速占领了该地区的关键基础设施和重要部门，并切断了所有固话、移动和网络通信。

18天后的3月18日，普京与克里米亚及塞瓦斯托波尔代表签署条约，允许克里米亚入俄。

从2月28日进入克里米亚半岛开始，仅用3周的时间俄罗斯就占去了乌克兰2.4万平方千米的国土。此时再读"兵非益多也，惟无武进，足以并力、料敌、取人而已"这句话，会觉意味更深。尤其"料敌"这两个字绝妙，如果没有乌克兰内部的动荡，也就没有雷霆手段接管克里米亚的事件供我们反复解读了。

"料敌"之后，是"取人"。如何识人、选人、用人，这个问题并不单单存在于军队，而存在于每一个有人的地方。"令素行者"，命令都能很好地贯彻执行，这是"取人"之道的终极目标。那么，如何能达到"令素行者"的效果呢？孙武提出了一个非常重要的概念——"令"，也就是我们今天常说的纪律。

商场如战场

重视培养子弟兵

《行军篇》是《孙子兵法》十三篇中篇幅较长的一篇，它很具体，也很微观。但要注意的是，用现代意义上的"行军"二字是不足以概括本章内容的。在古意中，"军"并不是单指军队，还指由军队围绕起来的营垒。所以《行军篇》其实并不是强调军队如何行动，而是更侧重于如何驻扎、如何观察敌情、如何管理士兵等。

孙武强调，"卒未亲附而罚之，则不服，不服则难用也。卒已亲附而罚不行，则不可用也"。就是说，将领不要轻易处罚士兵，在相互亲近和完全信任之后，才可以处罚，否则处罚会让士兵不服。而反过来，当将领和士兵的关系已经亲近和信任了之后，士兵仍然不遵守纪律，将领还不能处罚士兵，那样会把士兵宠坏，这样的士兵也不能用。

在企业管理，尤其是员工管理上，除了赏罚分明，还需要一整套激励和培养的方法。这方面，海底捞是企业中的佼佼者。

作为全国知名的火锅连锁餐饮企业，海底捞在与员工关系维护方面独树一帜。

海底捞将员工视作家庭的一部分，为他们提供像家一样舒适的住宿条件，使员工感到被尊重和被关怀。海底捞管理层皆由基层晋升，深谙员工内心诉求，真心关怀员工，赢得员工认可。公司视员工为首要资产，实施员工奖励计划，优秀员工能获股权激励。管理人员与员工同住员工宿舍，确保良好的生活环境，关怀员工健康起居。工资除基本部分外，还有奖金与浮动工资，鼓励优异表现。照顾员工家庭需求，提供超出员工预期的待遇。

海底捞独具激励创意。奖金直接寄给员工父母，彰显关怀。激励措施激发员工热情，鼓励提建议，尊重员工意见。公司注重顾客满意度，将标准化流程与员工创造力相结合。通过深刻理解餐饮服务员工作，建立系统激励员工，海底捞稳步发展。

海底捞对员工非常信任，授权员工拥有一定的决策权，激发员工创意和责任心。同时，引入"嫁妆"制度，表达对员工贡献的认可，鼓励员工留在公司。

这些措施共同营造了一个以员工为中心、以家庭为基础的工作环境，激励员工更加全心全意地投入工作，体现了海底

捞尊重员工的核心理念。通过这些方法，海底捞实现了员工
和企业之间更深层次的信任和合作，塑造了高度忠诚和敬业
的员工团队，成为海底捞自己的"子弟兵"。

第十章

地形篇

思维导图

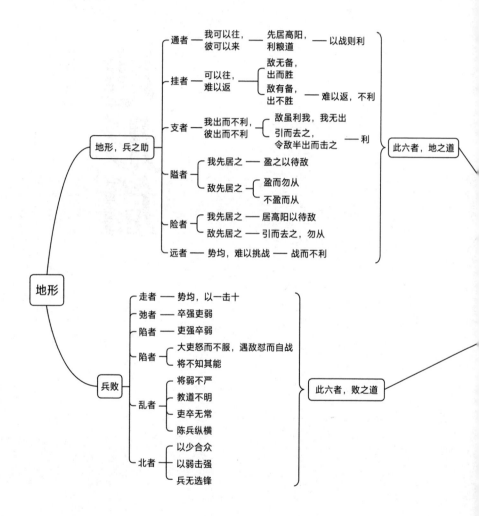

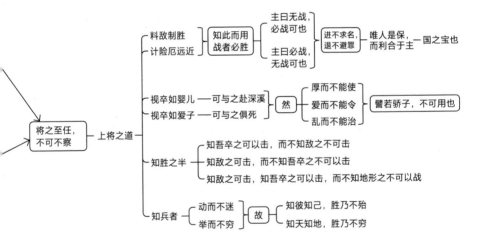

🎍 **原文** 🎍

孙子曰：地形有通者，有挂者，有支者，有隘者，有险者，有远者。我可以往，彼可以来，曰通。通形者，先居高阳[1]，利粮道，以战则利。可以往，难以返，曰挂。挂形者，敌无备，出而胜之；敌若有备，出而不胜，难以返，不利。我出而不利，彼出而不利，曰支。支形者，敌虽利我，我无出也；引而去之，令敌半出而击之，利。隘形者，我先居之，必盈[2]之以待敌；若敌先居之，盈而勿从，不盈而从[3]之。险形者，我先居之，必居高阳以待敌；若敌先居之，引而去之，勿从也。远形者，势均，难以挑战，战而不利。凡此六者，地之道也；将之至任，不可不察也。

故兵有走者，有弛者，有陷者，有崩者，有乱者，有北者。凡此六者，非天之灾，将之过也。夫势均，以一击十，曰走；卒强吏弱，曰弛；吏强卒弱，曰陷；大吏怒而不服，遇敌怼[4]而自战，将不知其能，曰崩；将弱不严，教道不明，吏卒无常，陈兵纵横，曰乱；将不能料敌，以少合众，以弱击强，兵无选锋⑤，曰北。凡此六者，败之道也；将之至任，不可不察也。

夫地形者，兵之助也。料敌制胜，计险厄⑥远近，上将之道也。知此而用战者必胜，不知此而用战者必败。

故战道必胜，主曰无战，必战可也；战道不胜，主曰必战，无战可也。故进不求名，退不避罪，唯人是保，而利合于主，国之宝也。

视卒如婴儿，故可与之赴深溪；视卒如爱子，故可与之俱死。厚而不能使，爱而不能令，乱而不能治，譬若骄子，不可用也。

知吾卒之可以击，而不知敌之不可击，胜之半也；知敌之可击，而不知吾卒之不可以击，胜之半也；知敌之可击，知吾卒之可以击，而不知地形之不可以战，胜之半也。故知兵者，动而不迷，举而不穷。故曰：知彼知己，胜乃不殆；知天知地，胜乃不穷。

注释

① 高阳：地势高且向阳的地方。

② 盈：充盈。

③从：跟从。

④怒：愤怒。

⑤选锋：指挑选精锐士兵组成突击部队。

⑥厄：险要。

译文

　　孙武说，地形有"通""挂""支""隘""险""远"六种。所谓"通"地形，就是我们可以来，敌人也可以来的地形，在"通"地，应该抢先占据地势高且向阳的地方，这有利于粮道的畅通，这样作战更有利。所谓"挂"地形，就是容易去，但是难返回的地形。在"挂"地，如果敌人没有防备，就可以突然出击战胜他。如果敌人有防备，出击不能取胜，就难以返回，这就很不利。所谓"支"地形，就是我们出去不利，敌人出去也不利的地形。在"支"地，敌人虽然用利益诱惑我们，但我们不应出击，而应引兵离去，等到敌人出击到一半的时候再出击，这样才有利。在狭窄的"隘"地，我们应该先行占领隘口，并用足够的兵力完全控制住隘口，严阵以待。如果敌人先占领了隘口，并用重兵据守，就不要去攻打，如果敌人没有派重兵据守，就可以去攻打。在"险"

地，我们应该占据高且向阳的地方，如果敌人已经占据了，那也应该引兵离去，不要攻打。在敌我双方距离较远的"远"地上，双方势均力敌，难以交战，如果出战会陷入不利局面。这六种地形和应对的方法，是地形分类及利用的原则和规律，是将帅的重大责任所在，将帅不能不认真谨慎地研究。

军队失败有"走""弛""陷""崩""乱""北"等情况，这六种情况不是因为遭遇天灾，而是将帅的过错导致的。势均力敌，却出现我方一、对方十的情况，叫作"走"；士兵强悍，但将领懦弱，叫作"弛"；将领强悍，士兵懦弱，叫作"陷"；下级将领因心怀不满而不服从命令，遇到敌人就愤怒地擅自出战，上级将领又不了解他的能力，叫作"崩"；将领懦弱不严格，管理训练没有章法，将士经常调任，出兵列阵无章可循，叫作"乱"；将帅不能准确判断敌情，以少数面对多数，以弱小面对强大，军队中又没有挑选精壮的士兵组成突击队，叫作"北"。上述六种情况，就是失败的原因。将帅责任重大，不能不认真谨慎地研究。

地形是用兵作战的辅助条件，判断敌情，掌握制胜的主动权，考察地形的险易和道路的远近等，是好的将领的重要职责，也是将领必须掌握的方法。懂得这些道理并用其指挥作战，一定能获得胜利，否则就会失败。从战场情况和战争发展的趋势来看，必然能胜利时，即使国君说不打，也要坚持去打；从战场情况和战争发展的趋势来看，不能胜利时，即使国君要打，也要坚决不打。要做到这一点，就需要带兵的将帅，进不求功名，退不避罪责，只在乎能不能保护民众和士兵，是否有利于国君，这样的将帅才是国家的宝贵财富。

如果将领像保护婴儿一样爱护士兵，那士兵会愿意赴汤蹈火；如果将领像对爱子一样善待士兵，那士兵会愿意与将领同生共死。但如果将领厚爱士兵却不能指挥士兵，无法使用军令，混乱的时候没法治理士兵，那么士兵就好像被溺爱的孩子，这样的士兵不能用。

知道自己的部队可以进攻，但不知道敌人不可攻击，胜算只有一半；知道敌人可以攻击，但不知道自己的部队不能战斗，胜算只有一半；知道敌人可以攻击，也知道自己的部队可以战斗，但不知道地形是不是支持这样的作战，胜算也只有一半。所以了解用兵的人，行动起来不会迷失方向，所采取的措施也是变化无穷的。所以说，了解对手，了解自己，取得胜利就不会有危险；了解天时，了解地利，胜利的方式就可以无穷无尽。

注：与《行军篇》相比，《地形篇》再次将视角"拉高"，尽管两篇内容主要讲的都是军事地理，但前者要更微观，侧重于讲解地形对战斗的影响，怎么扎营、怎么观察敌人，举

的例子是具体的山、水、泥沼等自然存在的事物；而后者更宏观，侧重于讲解地形对战役的影响，如何排兵布阵、该进还是该退，举的例子则是抽象的"通""挂"等并不那么具象的形，需要将领通过观察山、水、泥沼等自然存在的事物判断当下属于哪一种形。

现代战争应用

利用地形与战术，做天地知己的方略

每个国家，都是地理的"囚徒"。

在遥远的过去，地理环境基本上决定了一个国家和地区实力的上限。聚居在草原的游牧部落，只能通过不断南下谋取更多的生存资源；居住在河网密布、肥沃之地的"天选之子"，则文明灿烂，商贸发达；与海洋关系密切的国家，就有了向海图强、征服世界的可能。

时间指针拨回到现在，即使科技的力量在一定程度上能够改变地理面貌，正如填海造陆早已不是一件新鲜事，但若想无视地理带来的限制，至今乃至在未来，仍是天方夜谭。当我们铺开一张地图，上面所标识的山川、河流、平原、海洋等看似都是静止的、沉默的，可如果我们能够深入探究《孙子兵法·地形篇》，就能从静止的符号中听到隐藏着千军万马的制胜之声。

"夫地形者，兵之助也"，对于战争来说，地理环境至关重要。从《行军篇》来到《地形篇》，主题依然紧扣在地形地貌之上，不同之处在于视角从很细致的战术级别，上升至更宏大的战役级别。

"地形有通者，有挂者，有支者，有隘者，有险者，有远者"，不同的地形有不同的应对之策。西欧地形以平原和丘陵为主，适合发展农业、经济、交通的同时，在战时也十分有利于摩托化、机械化部队开进，是非常典型的"通"地形。第二次世界大战期间，法国为了应对德国的进攻，就在"通"地形上，用了十几年时间，耗费50亿法郎巨资，建起长达390千米的防线。防线的名字，就以当时法国陆军部长的姓氏马奇诺来命名。

说是防线，实际上马奇诺防线集合了各种设施，指挥所、人员休息室、电站、食品储藏室、弹药库等一应俱全。修筑成功后，法国人认为这是法兰西的骄傲，并将其称作"世界上最强防线"。法国人这样评价自己的杰作十分正确，毕竟德军经过仔细侦察后，也认为马奇诺防线"不可逾越"。

但是，不可逾越的障碍必须逾越，怎么办？寻找突破口。

很快，德军发现法国和比利时边界的阿登森林是个缺口。

阿登森林植被密布，还有很多沼泽地，是敌我双方都不便通行的"支"地形，所以法国人理所当然地认为这是一处能挡住德军的天然屏障，修建马奇诺防线时专门跳过了这里，并固执地认为，德军不会近乎愚蠢地放弃摩托化装备靠双腿发动进攻。

结局大家早已知晓，德军用了两天时间成功通过阿登森林，如鬼魅般绕过马奇诺防线，迅速将法国切成南北两半，而此时的马奇诺防线还在等着永远都等不来的德军。

那么，在"支"地形应该如何应对敌人的攻击呢？"支形者，敌虽利我，我无出也；引而去之，令敌半出而击之，利"，在"支"地，让敌人出击到一半的时候再出击最有利。如果当时法国在阿登森林布下埋伏，将德军按在"支"地痛击，也许历史会改写，但历史没有如果。今天的我们，只能在时空的另一端嗟叹了。

与马奇诺防线的命运遥相呼应的，就是以色列的巴列夫防线。

1967年，以色列在第三次中东战争中占领了埃及的西奈半岛。西奈半岛连接着非洲和亚洲，酷似一只嵌在两块大陆之间的楔子，是战略要地。为守住西奈半岛，以色列动用大量的人力、物力、财力，在苏伊士运河东岸构筑起宽约175

千米、纵深长约 10 千米的巴列夫防线，以沙堤为基础，配备机枪、火炮、坦克等，构筑起一个看似十分强大的火力网。其中最令以色列骄傲的是"沙阵"，对于流动的沙石来说，炮击作用寥寥，挖洞毫无作用，更莫提埋炸药这种传统手段了。"沙阵"让埃军抓耳挠腮，收复西奈半岛又多了一重阻力。

1973 年，第四次中东战争爆发。埃军由 8000 人组成的敢死队另辟蹊径，一个妙招成功摧毁了"完美"的巴列夫防线。什么招能拆掉巴列夫防线？水！埃军用高压水泵向"沙阵"冲击，强劲的"水力"使"沙阵"瞬间变"泥阵"，短时间内埃军开辟出了几十条通道，本以为胜券在握的以军节节败退，巴列夫防线就这样全线崩溃，成为笑柄。

以色列本以为在"通"地形上建造了地势高、利于作战的工事，就可以在战场上占据主动，却没想到沙做的工事被水做的武器化作了泥。在什么类型的地形作战，就要制订相应的作战计划，这是不可不察的"将之至任"，一旦有疏漏，就会面对前功尽弃的危局。不知以军以为毫无瑕疵、炮火都无可奈何的巴列夫防线被水冲垮时，是什么心情？

在《地形篇》提到的六种地形的应对之策中，"远"是最后一种地形。"远形者，势均，难以挑战，战而不利。"与之前的五种地形不同的是，远地形并没有具体的定义，所表达的更多是地理上远近的概念，也就是说远距离作战应尽量避免。

在现代战争中，远距离作战的不利体现得淋漓尽致。

不可一世的美军为什么会屡屡战败？最重要的教训之一就是远。远了，补给就困难，保障就滞后，人员就劳顿。在越南战争期间，尽管美军将日本作为补给大本营，但依旧需要远程补给和接力补给，否则难以应对战场形势的快速变化。在历次阿富汗战争中，无论是英军、苏军，还是美军，都远地出兵，抛开复杂的地形和恶劣的天候不提，一旦时间久了，当无法快速实现战争目标时，这些军队必然会被拖垮，无一例外。

相对于六种地形的应对之法，《地形篇》还给出了六种败局的失败之因，并首先强调"非天之灾，将之过也"，不是"天灾"，而是"将过"。将领是一支军队的核心力量，将领的能力和素质在一定程度上决定着战局走向。延伸到我们日常的工作中亦是同理，领导者在某种程度上决定着一家企业的生死存亡。一个残忍的事实是，哪怕拿到一手好牌，只要落在不合格的领导者手中，仍会一败涂地，就像第一次中东战争中的阿拉伯联军那样。

1948年5月14日，以色列宣布复国。第二天，埃及、叙利亚、外约旦、黎巴嫩、伊拉克五国组成的阿拉伯联军发动进攻，第一次中东战争爆发。从牌面看，阿拉伯联军的"手气"绝对一流，拿了一手好牌，兵力、装备均全胜于以色列。

几乎没有什么战车、大炮的以色列，在战争初期节节败退，伤亡惨重，以军将领直言，以军无法抵挡阿拉伯联军的进攻。我们都知道，第一次中东战争的转折点正是发生在这里，濒临崩溃边缘的以军利用美国的支持，在停火4周的时间里重整旗鼓，一举赢得胜利。但绝不能忽视的一点是，促成以军胜利还有一个非常关键的因素，就是阿拉伯联军内部将帅不和，异心四起。

表面上，阿拉伯联军信仰一致、目标一致，实情是，诸国各有各的盘算，貌合神离。因此，战争中发生了很多不可思议的怪事，比如多头指挥。开战伊始，阿拉伯联军统帅是外约旦国王阿卜杜拉，但其他国家为限制其权力，又推举阿拉伯地区昔日英雄考克吉为志愿军总指挥。到了战争的第二阶段，阿卜杜拉这个名义上的统帅已变得几近形同虚设，各国各打各的，没人听他指挥。然而，多头指挥还不是最糟糕的，指挥混乱更可怕。埃及历史上最重要的领导人之一，被称作"法卢加之虎"的纳赛尔这样回忆当时的情形："我讨厌那些坐在安乐椅上的将领们，他们对战场上的情况和战士的遭遇一无所知，满足于在地图上指指点点，乱下命令，要我们占领这个阵地和那个阵地。"无能的将领使得士兵们不像是去打仗，更像是被送到屠宰场的羔羊。

阿拉伯联军将帅展现出的"败之道"如此明显，在占据优势的情况下输掉战争也就不奇怪了。

那么，在孙武眼中，一名好的将领要具备什么能力？"料敌制胜，计险厄远近"，判断敌情、掌握制胜主动权，考察清楚地形险易等战场条件，这是"上将之道也"。具备了这样的能力，则"战者必胜"，不具备则"战者必败"。

乱世出英雄，中东地区不断燃烧的战火，淬炼出了很多见证国际风云变幻，也影响国际格局变化的英雄。2020 年 2 月 25 日，埃及前总统穆巴拉克去世，标志着缔造 20 世纪中东格局的最后一位中东强人正式离开舞台。今天，我们中的很多人或许都已忘记埃及曾是中东地区的头号强国，但说到穆巴拉克的名字，思绪还是会不由自主地飞入 20 世纪的硝烟中。

首先，让我们换个角度来看刚刚提到的第四次中东战争。当时穆巴拉克担任埃及空军司令，正是他指挥了对以色列的大规模空袭，为夺回西奈半岛开辟通路。

1973 年 10 月 6 日，埃、叙两军分别向被以色列占领的西奈半岛和戈兰高地同时发起进攻。埃军在防空兵和炮兵的火力掩护下，陆海空三军密切协同强渡苏伊士运河，并出动 200 余架飞机突袭运河东岸以军巴列夫防线及其纵深，摧毁若干"霍克"防空导弹阵地和大部分机场。同时，防空部队组成防空火力网，开战头 2 小时击落以军飞机 10 余架，在战争初期掌握了运河上空制空权，使以军机不敢进入运河区空域。在现代战争中，谁掌握了制空权，谁就掌握了战场上的主动权，失去了运河上空制空权的以军陷入极其被动的局面。

虽然第四次中东战争的结局是以色列戏剧性地力挽狂澜，但必须承认，埃及、叙利亚两军在战场上的初期优势，很大程度上是依靠埃军的空军力量，穆巴拉克作为空军司令功不可没。"彻底而惊人的成功"，时任埃及总统萨达特在自传《寻找身份》中这样评价穆巴拉克的指挥。

值得注意的是，虽然《地形篇》告诉了将领应具备的能力，并称"知此而用战者必胜，不知此而用战者必败"，但要想夺取胜利仍有一个不可忽视的条件，那就是做任何决定都要遵循"战道"的发展趋势。"战道"从战术上可理解为战场情况，从战略上可理解为战争发展趋势，若国君的决定与"战道"相悖，则不可贸然出兵，若能做到这一点，就是进不求功名，退不避罪责，只在乎能不能保护百姓和士兵的"国之宝也"。

美国有一位出生在贫民区的四星上将，海湾战争中他是紧握"战道"脉搏的英雄，却在伊拉克战争中与"战道"背道而驰，最终用一句谎言毁掉一个国家，他的名字是科林·鲍威尔。

我们已经多次提到海湾战争，不得不承认，这场打醒全世界的战争实在太过重要。分析美国以极小代价换取辉煌胜利的原因，绝对离不开鲍威尔制定的"强化选择战略"。"强化选择战略"，简单来说就是采取尽可能大规模的行动，给予对手决定性打击。于是我们看到一批批美军轰炸机对伊拉克的机场、导弹发射阵地等目标进行反复而猛烈的轰炸，正如鲍威尔自己所说，伊拉克夜空中一阵接一阵的爆炸声，开启了一个战争新纪元。

由于在海湾战争中的卓越贡献，美国国会授予鲍威尔国会荣誉勋章，这是美国能给一名军人的最高荣誉。海湾战争与鲍威尔的联系如此紧密，如果说没有海湾战争就没有鲍威尔，这是一种命运的选择的话，那么到了伊拉克战争，则更像一种命运的嘲弄。

2003 年 2 月，鲍威尔以美国国务卿的身份在联合国安理会上拿出一小管"白色粉末"，宣称这是伊拉克研制大规模杀伤性武器的证据。以此为由，美国及其盟友不顾国际社会的强烈反对，绕过联合国安理会，贸然对伊拉克发动战争。与鲍威尔此前主张的以压倒性优势速战速决的策略完全不同，伊拉克战争耗时 8 年，夺去 20 余万人的生命。鲍威尔为什么没有遵循"战道"原则，偏要以一个弥天大谎发动旷日持久的战争？

事实上，鲍威尔此前曾极力反对以武力解决伊拉克问题，认为比起轰炸，遏制政策完全可以迫使巴格达政权改换门庭，但时任美国总统的布什认为必须给伊拉克以炮火的教训。于是我们就看到了 2003 年联合国安理会上的那一幕，鲍威尔拿出"白色粉末"，作为伊拉克研制化学武器的证据。"主曰必战，无战可也"，鲍威尔没有成功阻止这场荒谬的战争发生，无论是他本人事后承认这是他人生中最大的污点也好，还是 2021 年鲍威尔感染新冠去世，伊拉克记者在网上发文称"鲍威尔没有因在伊拉克的罪行被审判就死去了，这令我非常遗憾"也罢，个人所承受的悔恨与恶意，都无法与因战争带来的巨大苦难相比。

所有伟大的国家，都把和平的时间用来为战争爆发做准备，而为战争爆发做准备却是为了延续和平。这句话初读也许会觉得言过其实，或过于拗口，但结合当今复杂的国际局势来看，并没有夸张一个国家在面对已知和未知挑战时所做的一切准备。

"知彼知己，胜乃不殆；知天知地，胜乃不穷"，了解自己，了解对手，了解天时，了解地利，这句话跨越千年仍是制胜真理。那么，在现代战争中靠什么知彼知己、知天知地？靠侦察预警。随着科技的发展，"千里眼""顺风耳"已是最低阶的形容，战场日益变得无限广阔。

现代侦察技术装备可在全球范围内进行侦察、监视和预警，且战场情报获取的载体不再是单纯的三维空间，除我们熟知的陆、海、空、天外，时间、电磁、网络、心理都是侦察之地。

赫鲁晓夫为什么同意"苏联航天之父"科罗廖夫发射卫星，不是为了苏联能占据航天科技制高点，而是希望通过这些卫星能看清美国总统正在做什么。同样，随着核导弹数量的膨胀，美苏两国都想知道对方的核导弹在哪里、何时发射，于是各类光学、雷达、红外侦察卫星和早期预警卫星纷纷应运而生。现代科技的发展有助于更多元化地获取准确的战场情报，可一旦科技无法完全洞悉对手的心思，传统的"谍报"也就有了用武之地，可见，技术情报和人工情报，二者缺一不可。这一点，无论是战场，抑或是商场，别无两样。

商场如战场

管理者的职业道德准则

在《地形篇》，孙武进一步强调了为将领者的要求："故战道必胜，主曰无战，必战可也；战道不胜，主曰必战，无战可也。故进不求名，退不避罪，唯人是保，而利合于主，国之宝也。"也就是说，将领的个人价值观、道德水平、人格魅力等，都是决定军队战斗力和战争结果的重要因素。

对应到商业领域，便是管理者的职业道德标准。如果一个管理者自身不正，缺乏职业道德，是无法让企业走得更远更久的。

管理者应该具备哪些品质呢？

比如，管理者应诚实守信，言行一致，避免虚假陈述或欺骗行为。对待员工、同事和利益相关者时应公正、平等，不偏袒或歧视任何人。要尊重每个人的尊严、权利和观点，不侵犯他人的权益。对组织、员工和社会负有责任，考虑长远利益，避免短视和短期行为。

在美国次贷危机前，很多银行高管都有着职业道德方面的问题。

比如，银行高管们批准了大量高风险、不合格的贷款，包括给予无力偿还贷款的借款人高额贷款。这种行为违反了贷款应基于借款人的信用能力和可偿还性的基本原则。

有的银行高管推销复杂的金融产品，对产品风险不进行充分披露或者提供误导性信息，引导客户购买这些产品。这种行为违背了诚实、透明和客户利益优先的职业道德原则。

一些银行高管涉嫌操纵财务报表，隐瞒公司真实的财务状况，夸大资产价值，以吸引投资者或掩盖公司的财务困境。这种行为违反了财务报告的真实性原则。

　　还有的银行高管在次贷危机中参与高风险套利活动，追求短期利润，而不考虑其对银行长期稳定性和客户利益的负面影响。这种行为违背了对银行稳定性和长期发展负责的职业道德。

　　这些管理者职业道德问题的不断叠加，是造成次贷危机的重要原因之一。

　　看了负面的例子，我们再来看看正面的例子。余承东作为华为冲杀市场的一员大将，身上充满了勇于创新、冒险拼搏的精神，他的努力甚至改变了行业格局。

　　首先，余承东敢于在新技术领域进行尝试和创新。当年，在小米手机席卷全国的时候，华为还没有自己的品牌手机。余承东被调到手机部门，大胆宣布：让华为的手机销量3年超过苹果，5年赶超三星。改革势必要动一些人的利益，余承东很快就成了众矢之的，但好在他有任正非的支持："不支持余承东就是不支持我。"2019年，华为手机的销量终于成为全国第一，全球第二。余承东从最早的"余大嘴"变成了"救火英雄"。

　　其次，余承东对市场的敏感度和战略眼光，让他能够在困难时期做出正确的战略选择。2003年，3G技术正处于风口浪尖，而华为公司面临着一个重大抉择——是否开发更小巧、更轻便的分体式基站。选择开发的话要承担巨大的风险，可能导致资金链断裂。高管们对这个问题犹豫不决，余承东认为这是华为的一个难得的机会，于是他力排众议，拍着桌子说："必须做，不做永远超不过外国厂家。"余承东没有吹牛，很快，华为就研发出了体积小、重量轻、信号强的分体式基站，到了 2012 年，华为在整个欧洲无线通信市场的占有率从 9% 飙升到了 33%。

作为领导者，余承东不仅有坚定的信念，还有能够激励团队、发掘人才的能力。他能够带领团队攻克重大技术难关，推动华为在全球范围内脱颖而出。他能够在逆境中迅速做出应对，并通过创新和改革化解危机。这些品质和要素在他的职业生涯中发挥了关键作用。

总之，我们必须知道自己的军队有没有战斗力和对手的军队有没有战斗力，在这个基础上，还得了解地形的优劣，这样才能有更高的胜算。擅长打仗的将领了解这些，作战时才不会失去方向，所采取的举措也变化无穷。在商场也是如此，一个遵循职业道德的管理者才能带着团队不断克服困难，走向胜利。

第十一章

九地篇

思维导图

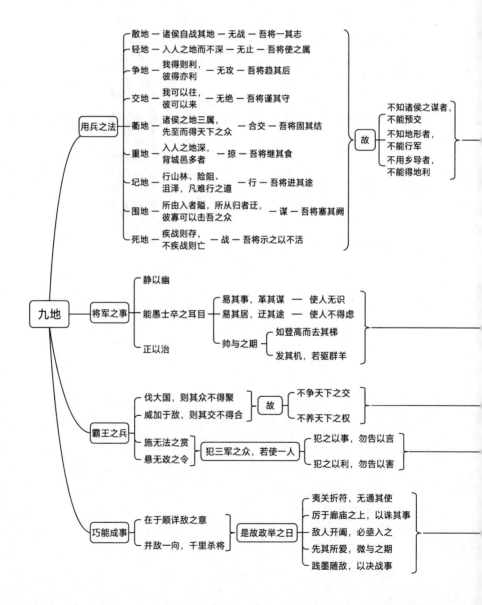

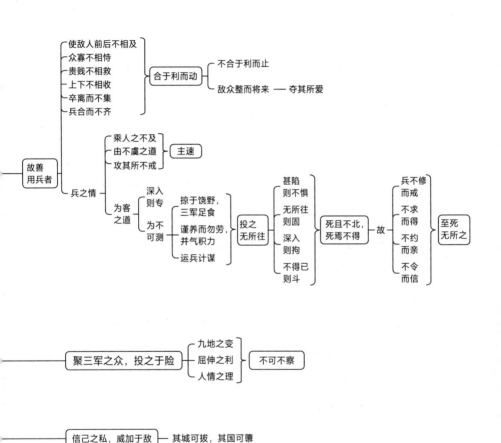

```
                  ┌─ 使敌人前后不相及
                  │  众寡不相恃
                  │  贵贱不相救          ┌─ 不合于利而止
                  ├─ 上下不相收   合于利而动 ┤
                  │  卒离而不集          └─ 敌众整而将来 ── 夺其所爱
                  │  兵合而不齐
                  │
                  │        ┌─ 乘人之不及
                  │        ├─ 由不虞之道   主速
        故善      │        └─ 攻其所不戒
        用兵者 ───┤
                  │                              ┌─ 甚陷        ┌─ 兵不修
                  │              深入 ┌─ 掠于饶野，  │  则不惧      │  而戒
                  │              则专 │  三军足食    │             │
                  └─ 兵之情  ┌─ 为客 ┤            投之│  无所往      │  不求
                            │  之道 │  谨养而勿劳， 无所│  则固       │  而得
                            │  为不  ┤  并气积力    往 │  深入   死且不北，│
                            │  可测 └─ 运兵计谋        │  则拘   死焉不得  │  不约
                            │                         │             │  而亲
                            │                         └─ 不得已      │
                            │                            则斗       │  不令   至死
                            │                                       │  而信   无所之
```

```
              ┌─ 九地之变
聚三军之众，  ├─ 屈伸之利   不可不察
投之于险 ─────┤
              └─ 人情之理
```

信己之私，威加于敌 ── 其城可拔，其国可隳

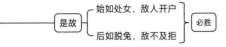

投之亡地然后存，陷之死地然后生 ── 夫众陷于害，然后能为胜败

```
       ┌─ 始如处女，敌人开户 ┐
是故 ──┤                    │ 必胜
       └─ 后如脱兔，敌不及拒 ┘
```

原文

孙子曰：用兵之法，有散地，有轻地，有争地，有交地，有衢地，有重地，有圮地，有围地，有死地。诸侯自战其地，为散地。入人之地而不深者，为轻地。我得则利，彼得亦利者，为争地。我可以往，彼可以来者，为交地。诸侯之地三属①，先至而得天下之众者，为衢地。入人之地深，背城邑多者，为重地。行山林、险阻、沮泽，凡难行之道者，为圮地。所由入者隘，所从归者迂，彼寡可以击吾之众者，为围地。疾战则存，不疾战则亡者，为死地。是故散地则无战，轻地则无止，争地则无攻，交地则无绝，衢地则合交，重地则掠，圮地则行，围地则谋，死地则战。

所谓古之善用兵者，能使敌人前后不相及，众寡不相恃，贵贱不相救，上下不相收，卒离而不集，兵合而不齐。合于利而动，不合于利而止。敢问：敌众整而将来，待之若何？曰：先夺其所爱②，则听矣。

兵之情主速，乘人之不及，由不虞③之道，攻其所不戒也。

凡为客④之道，深入则专，主人不克；掠于饶野，三军足食；谨养而勿劳，并气积力；运兵计谋，为不可测。投之无所往，死且不北；死焉不得，士人尽力。兵士甚陷则不惧，无所往则固，深入则拘，不得已则斗。是故其兵不修而戒，不求而得，不约而亲，不令而信，禁祥去疑，至死无所之。吾士无余财，非恶货也；无余命，非恶寿也。令发之日，士卒坐者涕沾襟，偃卧者涕交颐。投之无所往者，诸、刿之勇也。

故善用兵者，譬如率然。率然者，常山之蛇也。击其首则尾至，击其尾则首至，击其中则首尾俱至。敢问：兵可使如率然乎？曰：可。夫吴人与越人相恶也，当其同舟而济，遇风，其相救也如左右手。是故方马埋轮，未足恃也；齐勇若一，政之道也；刚柔皆得，地之理也。故善用兵者，携手若使一人，不得已也。

将军之事：静以幽，正以治。能愚士卒之耳目，使之无知；易其事，革其谋，使人无识；易其居，迂其途，使人不得虑。帅与之期，如登高而去其梯；帅与之深入诸侯之地，而发其机，焚舟破釜，若驱群羊，驱而往，驱而来，莫知所之。聚三军之众，投之于险，此谓将军之事也。九地之变，屈伸之利，人情之理，不可不察。

凡为客之道，深则专，浅则散。去国越境而师者，绝地也；四达者，衢地也；入深者，重地也；入浅者，轻地也；背固前隘者，围地也；无所往者，死地也。

是故散地，吾将一其志；轻地，吾将使之属；争地，吾将趋其后；交地，吾将谨其守；衢地，吾将固其结；重地，吾将继其食；圮地，吾将进其途⑤；围地，吾将塞其阙；死地，吾将示之以不活。故兵之情，围则御，不得已则斗，过则从。

是故不知诸侯之谋者，不能预交；不知山林、险阻、沮泽之形者，不能行军；不用乡导者，不能得地利。四五者，不知一，非霸王之兵也。夫霸王之兵，伐大国，则其众不得聚；威加于敌，则其交不得合。是故不争天下之交，不养天下之权，信⑥己之私，威加于敌，故其城可拔，其国可隳⑦。施无法之赏，悬无政之令，犯三军之众，若使一人。犯之以事，勿告以言；犯之以利，勿告以害。投之亡地然后存，陷之死地然后生。夫众陷于害，然后能为胜败。

故为兵之事，在于顺详⑧敌之意，并敌一向，千里杀将，此谓巧能成事者也。

是故政举之日，夷关折符，无通其使，厉于廊庙之上，以诛⑨其事。敌人开阖，必亟入之。先其所爱，微与之期。践墨随敌，以决战事。是故始如处女，敌人开户；后如脱兔，敌不及拒。

注释

① 属：连接，此处意为三国交界。

② 爱：爱惜，重视。

③ 不虞：没有料到。

④ 为客：指侵入他国作战。

⑤ 进其途：指迅速通过。

⑥ 信：通"伸"，施展。

⑦ 隳：毁坏。

⑧ 详：审查并了解。这里指侦察清楚敌人的意图。

⑨ 诛：商议、决定之意。

译文

孙武说，按照用兵的规律，战地可以分为"散地""轻地""争地""交地""衢地""重地""圮地""围地""死地"这九种。诸侯在自己的国土上作战的地区，叫"散地"；进入敌国不深的地区，叫"轻地"；我军得到有利，敌军得到也有利的地区，叫"争地"；我军可以去，敌军也可以来的地区，叫"交地"；先到就可以得到各国援助的地区，叫"衢地"；

深入敌国境内，背靠许多敌人城邑的地区，叫"重地"；行进于山林、险阻、沼泽等难以通行的地区，叫"圮地"；进入时道路狭窄，退归之路曲折遥远，敌军能够以少击多的地区，叫"围地"；英勇作战才能生存，不迅速解决战斗就会灭亡的地区，叫"死地"。面对九地，在"散地"不宜作战；在"轻地"不宜停留；在"争地"，不要在被动的情况下进攻；在"交地"不要阻隔交通；在"衢地"要结交诸侯；深入"重地"要就地掠夺粮食补给；在"圮地"要迅速通过；陷入"围地"就要多用计谋；到了"死地"，就要奋勇作战，死里求生。

古时善于作战的人，能够使敌人前后不能互相照应，主力和小分队不能互相依靠，士兵不能互相救援，上下失去联系无法聚集合拢，队伍溃散而不集中，与对手交战阵型也不整齐。对我方局势有利才行动，对我方局势不利就停止行动。如果有人问，敌军人数众多而且阵容严整，将要向我攻来，要如何应对？我的回答是，先夺取敌人的要害所在，这样敌人就得听我的摆布了。用兵的关键就是贵在神速，趁敌人措手不及的时候，从敌人意想不到的道路攻击敌人没有戒备的地方。

在敌国作战的原则是：越是深入敌国境内，我军的军心就越稳固，敌人就越不能战胜我军。在敌国富饶的地区掠夺粮草，使我军能够得到充足的给养。休整好部队，不要过于疲劳，提高士气，养精蓄锐，运筹帷幄，巧妙施展计谋，使敌人无法做出正确的判断。把部队置于无路可退的境地，就只能拼命冲锋而不能败退。不仅士兵可以以死相拼，无所畏惧，全军上下都会奋力而战。士兵深陷危险的境地，也就不恐惧了，无路可走，军心就会稳固，深入敌国境内，军队就会约束自己，迫不得已，就只好坚决战斗。因此，在这种条件下的军队，不需整治，就能注意戒备；不需提要求，就能完成任务；不需约束，就能友好相处；不需三令五申，就会遵守纪律。在军队中，禁止搞迷信活动以消除下属的疑惑，他们至死也不会退避。士兵没有多余的钱财，不是他们讨厌财物；没有怕死的，不是因为他们不珍惜生命。当出征的命令发出以后，坐着的士兵泪湿前襟，躺着的士兵泪流满面。他们被置于无路可走的绝境，就会像专诸和曹刿那样勇敢了。

　　因此，善于作战的人，能使部队像率然那样，率然就是常山上生存的蛇。当你打蛇的头部，蛇的尾巴就会来救应；当你打蛇的尾巴，蛇的头部就会来救应；如果你打蛇的中部，那么蛇的头部和尾部都会来救应。有人问，可以使军队像率然一样吗？我的回答是，可以。吴国人和越国人本来是相互仇恨的，当他们用一条船渡河，特别是遇到风浪时，他们也会互相救助，就好像人的左右手。所以，靠束马缰、埋车轮的方法来巩固阵型、稳定军队，不是最靠得住的办法。要使军队奋勇齐心如同一个人，关键在于将领的领导和组织；要使强弱都能发挥作用，关键在于有效利用地形。擅长用兵的人，能够使全军携手像一个人，这是因为战场情况迫使其不得不这样。

将领在考虑谋略时应冷静而深邃，管理部队时应公正而有秩序。要蒙蔽士兵的视听，使其对行动一无所知；变更作战部署，改变原定计划，使人们无法识破战略；改换驻地，迂回行进，使人们无法判断意图。将领给部下布置任务，要像登高而撤去梯子一样，使其没退路；将领率领部下深入敌国境内，要像激发弩机射出箭矢一样，使其一往无前；烧掉渡船，打碎炊锅，对待士卒就好像驱赶羊群，赶过去赶过来，使他们不知道要去哪里。聚集全军，置其于险境，这就是将领要做的事。这些地形不同的变化和应对方法，攻防进退的利害得失，对士兵的心理及人情的掌握，都是带兵打仗的将领不能不研究的。

进攻敌国作战的原则是，深入敌国境内越深就越容易专心一致；进入越浅就越容易军心涣散。离开本国，越过边境，与敌国作战的地区，就是"绝地"；四通八达的地区就是"衢地"；进入敌国境内深的地区就是"重地"；进入得浅的地区就是"轻地"；后面坚固而前面狭窄险要的地区就是"围地"；

无路可走的地区就是"死地"。所以，在"散地"，要使军队统一意志；在"轻地"，要使营阵紧密相连；在"争地"，要迅速到敌人后面；在"交地"，要谨慎防守；在"衢地"，要巩固与邻国的交往；在"重地"，要解决粮草给养；在"圯地"，要迅速通过；在"围地"，要堵塞缺口；在"死地"，要显示决一死战的决心。军事上的情理就是如此，被包围了就要防御，迫不得已就要死战，陷入危险的境地就要听从指挥。

不了解各国诸侯谋略的，就不能与其结交；不熟悉山林、险阻、沼泽地形的，就不能行军；不用向导，就不能得到地形之利。这些之中有一方面不了解，就不能成为天下无敌的王霸之军。凡是王霸之军讨伐大国，能使他们的军民来不及动员，威慑的力量会使他们不能同其他国结交。所以不要争着同哪一国结交，不必在各国培植自己的势力，而应该发展自己的实力，向敌国施压，就可以拔取城池，毁灭敌人的国都。打破惯例去奖赏士兵，发布打破常规的号令，驱使全军兵众如指挥一个人，让他们完成任务，而不用说明意图；叫他们去夺取胜利，而不用告诉可能遇到的危险。把他们放到危险的死地，然后才可能转死为生。士兵陷入危险的境遇，才有可能夺取胜利。

作战，在于顺应侦察出的敌人的战略意图，然后集中兵力，千里奔袭，斩杀敌将，这就是巧妙成事。

当作战计划定下来的时候，就要封闭城门，封锁关口，销毁通行的符证，停止使者的往来。在庙堂之上反复谋划，做出战略决策，一旦发现敌人有机可乘，就要迅速行动，首先攻敌要害，不与敌人约定日期交战。实施作战计划的时候要视敌情变化，随机应变。所以，战争开始之前，要像深闺中的处女一般沉默安静，让敌人放松警惕，行动的时候要像脱逃的野兔，使敌人来不及做出抵抗的反应。

注：《九地篇》是《孙子兵法》中最长的篇章，但如同《九变篇》一样，这篇部分内容的真实性也存在不小的争议：一是部分内容与前文多有重复，二是部分行文风格与其他篇幅存在迥异之处。如果抛开这些因素的话，《九地篇》的内容主要涵盖两个方面：一方面是如标题所说的那样，承接上文《地形篇》的内容继续往下讲解；另一方面，则是用大量的篇幅对整个《孙子兵法》进行总结。你或许会感到奇怪，为什么会在第十一章而不是在最后一章进行总结？我们提出一种猜想：因为关于领兵作战的内容到这一篇就基本结束了，后面的《火攻篇》《用间篇》属于奇招，并不是正面作战主要探讨的范围，有点类似于图书的正文与附录，或者是考卷的常规题与附加题。

现代战争应用

激发勇气与决心，置之死地而后生的先机

自人类诞生开始，所有的活动都是在一定的地理空间中进行的，战争也不例外。直到现在，战争仍受到战场环境的制约。

战场环境并非单指地表形态的起伏高低，而是战场形势与地缘政治高度结合后产生的"势"，战局、地缘、政治互相影响，互相制约，由此形成复杂多变的"地势"。"九"在中文中代表着无穷无尽，《孙子兵法·九地篇》所要论述的，正是在不同地势作战和用兵的原则。

深邃的军事思想是不朽的。

在《孙子兵法》中，《行军篇》《九变篇》《地形篇》《九地篇》都对"地"这一概念进行了不同角度的论述。《九地篇》作为最长的一篇，占据了整书近四分之一的篇幅，首先提出九种地势，包括散地、轻地、争地、交地、衢地、重地、圮地、围地、死地。

"诸侯自战其地，为散地"，诸侯在自己的国土上作战的地区叫"散地"，孙武认为，这种地势不易作战。换句话讲，战事不宜发生在自己家门口，容易导致人心涣散，会对国家秩

序、社会生产等方方面面造成严重破坏。

中东地区就是最典型的例子。也许我们现在很难想象，伊拉克曾经是一个非常富庶的国家。在 1980 年两伊战争爆发前，伊拉克已有高速公路，基本每家都住着别墅，开着汽车。然而，再富庶的国家都禁不住战争的蹂躏，伊拉克和伊朗长达 8 年的战火，烧毁了无数伊拉克人的未来。当然，也包括伊朗。之后，海湾战争又让伊拉克吞下了盲目入侵科威特的苦果。

令人无限唏嘘的是，战争之手并没有打算就此放过伊拉克。2003 年，美国以伊拉克存在"大规模杀伤性武器"为由发动战争，随后 20 年中的伊拉克人的生活底色只有无休止的动荡与不安、屠杀、贫困、失业、腐败、恐怖主义……

没有任何一个人希望伊拉克的悲剧重演，但类似的悲剧从未停止，还有一些国家放弃中立，将自己置于可能燃起的战火之中。其中，瑞典和芬兰就放弃中立原则要加入北约，其结果只能是给自己招惹麻烦。美国打得一手如意算盘，拉拢这两个国家加入北约，期待在北极理事会中形成"七打一"模式，但俄罗斯不好惹。

"人人之地而不深者，为轻地"，进入敌国不深的地区，叫"轻地"。孙武告诉我们，在"轻地"这样典型的地域不要停留，因为在敌人家门口作战，敌人容易调动资源，而己方士兵容易逃散。这个道理很好理解，因此大可不必将讨论的重点放在这里，而应放在战略纵深这个更宏大的主题上。

当一个国家大敌压境，若国土辽阔，资源丰富，即使在战争初期陷入被动也有空间让军队重获喘息之机，重整旗鼓。也就是说，一个国家有战略纵深，就有了用时间换空间的能力，就有了进可攻、退可守的底气；而没有战略纵深，则面临短时间内被入侵之敌踏平国土的亡国之危。

科威特就是最好的例子。科威特国土面积只有17818平方千米（不及重庆市面积的1/4），一天之内即被伊拉克占领首都，随后全境都被占领，于是萨达姆将一个主权国家划为伊拉克的"第19个省"。若没有后来美国插手发动海湾战争，科威特实在难逃亡国的厄运。

可见，战略纵深的意义非同小可。

值得注意的是，战略纵深绝不仅局限于国土面积的大小，地表特征、人口分布、资源多寡等因素同样囊括其中。以俄罗斯为例，作为横跨欧亚的世界上的最大的国家，俄罗斯的人口和工业都集中在以平原为主的欧洲区域，气候寒冷、粮食匮乏、工业落后的西伯利亚地区则人迹罕至。一旦无险可守的欧洲区域被占领，就算俄罗斯将部队退至西伯利亚地区，也很难再进行有效的休整、补给和反击。

国土虽辽阔，战略纵深的质量却不是最上乘。回顾俄罗斯历史，堪称一部疯狂拓展战略纵深的战争史。为此，俄罗斯从一开始就形成了以备战为中心的社会结构。如在"伊凡雷帝"时期，俄罗斯整个国家几乎就是一部专门组织军队、供养军队的机器。虽然频繁的征战给俄罗斯人民的生活带来了恐怖后果，但是，俄罗斯的统治者几乎别无选择。于是我们看到，俄罗斯周边不能有效组织备战的政权都灭亡了：喀山汗国、克里米亚鞑靼人、奥斯曼帝国、奥地利帝国……只有瑞典作为一个国家幸存至今，却只保留了其原有领土的一小部分。

美国的国土面积虽然没有俄罗斯那么大，但战略纵深的质量却比俄罗斯强。除了人口分布较均衡，各州工业较发达，在地理方面的条件也堪称得天独厚，国内地形复杂多样且三面环海，任何强大外敌想要入侵美国，都不得不首先跨越东西两大洋。即使美国本土遭到入侵，美军也能依托各州分布较均匀的资源重整旗鼓。此外，美国还没有边境争端的烦恼，南北邻国均是"跟班"。

回顾美国历史，最关键的部分之一就是不断拓展战略纵深，这一点与俄罗斯颇有相似之处。刚刚成立的美国只有13个州，面积不足现在美国国土面积的1/5，且都集中于美国的东边。为了扩张，除了从法国人手里买来近1/3的土地，从沙皇俄国手里买来阿拉斯加州，美国还发动了与西班牙、墨西哥的战争，最终在百年间扩张了12倍，东西贯穿北美大陆，奠定了如今的版图基础。

十分戏剧性的是，19 世纪 50 年代沙皇俄国因深陷克里米亚战争泥潭，决定将难以进行有效统治的阿拉斯加州卖给美国。百年过后，阿拉斯加州发现了大量的石油和天然气，成为美国遏制俄罗斯东出太平洋的据点。

在第二次世界大战中，战略纵深的意义更加凸显。

日本入侵中国，德国入侵苏联，都是为了拓展战略纵深、掠夺资源。分析这两国的战败原因，其中一个重要方面就是被拥有战略纵深的国家慢慢拖垮、拖死。

当时日军有一句口号：“三个月灭亡中国。”事实上，虽然日本取得了一次次战术上的胜利，但中国辽阔的国土、丰富的资源，再加上抗日的决心，将日本战术上的胜利逐步转换成战略上的绝境。战略目标是长期目标，坚持战略目标并围绕其合理配置资源、配置人力，才能逐步达成战略目标。但如果只是凭暂时胜利带来的一腔热情往前冲，走一步看一步，无论是国家还是企业，最终的结果很可能如同日本狂妄侵华一样，战术上一时得逞，战略上注定失败。

今天的日本，依旧没有战略纵深可言，但当政者依然抱有拓展战略纵深的幻想。诸如，放弃专守防卫、鼓励源头打击，到处插手他国内政，事实突破《日本国宪法》（又称《和平宪法》），日本政府可谓“用心良苦”。但与第二次世界大战时期相比，日本周边不再是昔日的弱国和殖民地，属于日本的最佳选择是保持中立。如果跟随美国遏制中国的印太战略一意孤行，日本军国主义昔日制造的历史悲剧必然还会重演。所以，没有战略纵深的国家最好还是老实一点。

"我得则利，彼得亦利者，为争地"，"争地"就是你争我夺的地方，即我们常说的兵家必争之地。孙武对我们的告诫是"争地则无攻"，不是不要进攻，而是不要在被动的情况下进攻。

1980 年两伊战争中的霍拉姆沙赫尔，1994 年车臣战争中的格罗尼兹，1997 年科索沃战争中的贝尔格莱德，2011 年利比亚战争中的班加西、卜雷加，2020 年纳卡冲突中的舒沙……这些城市都是地区冲突中十分重要的争地，为了夺取这些城市，无数人将鲜血挥洒。只不过，这些作为争地的城市，其"争"的意义只存在于相对应的战争之中，若脱离地区冲突，从全球的角度去衡量这些城市的战略价值，就显得没有那么瞩目了。

若问什么样的地方称得上具有全球性战略价值？苏伊士运河必须在列。

2021 年 3 月 23 日，一艘货船在苏伊士运河里搁浅打横，整条运河因此堵塞。堵塞引发了全世界的关注，甚至在互联网上掀起了一场全球网友的搞怪盛会。据德国一家保险公司研究，苏伊士运河每封锁一天，就会使全球贸易损失60～100亿美元。一条运河竟拥有如此大的力量，为什么？

苏伊士运河连接亚非两大洲，沟通地中海与红海，是从欧洲到印度洋、西太平洋最近的航线。若不经过苏伊士运河，从地中海通往印度洋的航程将增加至少8000千米。如果说这些只是单纯的地理条件上的优势，还不足以凸显其重要性，那么当地理条件优势结合地缘政治的时候，就会演变出影响世界格局的巨大力量。

自1869年通航以来，苏伊士运河的运营由英法两国掌握。1956年，埃及宣布将苏伊士运河收归国有，由此第二次中东战争爆发，英国、法国和以色列三国入侵埃及，焦点即是争夺苏伊士运河的控制权。虽然战争以埃及失败告终，但在美苏的干预下，英法以三国不得不退兵，最终埃及成功收回苏伊士运河的全部主权。要想争夺蕴含巨大能量的争地并非易事，争地虽是人人都想咬一口的"大肥肉"，却也是一张引来各方势力盘根错节的大网，若不占据绝对优势，哪怕像英法以三国那样抱团展开军事冒险，也难以获取真正的胜利。

战争过后，美苏取代英法主导中东格局，英国正式开始沦为美国附庸，终结大英帝国的辉煌，法国加快推进欧洲一体化的世界格局就此形成。直到今天，这一格局仍在持续。

"我可以往，彼可以来者，为交地"，我可以去，你也可以来的地区就是"交地",在这样四通八达的地方千万不要阻隔交通,否则遗患无穷。2023 年 7 月,中俄海军展开海上战略巡航,据中国国防部消息,此次演习的主题是"维护海上战略通道安全"。这里所说的战略通道,就是海上的交地。这次演习必然承担了包括维护宗谷海峡、对马海峡、津轻海峡、白令海峡等通行安全在内的重要使命。美军在冷战期间提出来的要控制全球 16 条黄金水道也是要控制交地,达到其称霸全球的目的。此外,2023 年 10 月,新一轮巴以冲突爆发后,也门胡塞武装多次在红海水域袭击与以色列"有关"的船只,以此来表达自己对巴勒斯坦的支持。另一方面,从 2024 年 1 月开始,美国和英国也针锋相对,连续对胡塞武装发动空袭,红海地区局势越发紧张。红海是欧亚经济贸易往来的重要交通要道,此处与众多西方国家的利益息息相关,却又恰好是阿拉伯国家的家门口,是最容易产生矛盾之地。

海上交地是否畅通,关系着相关国家的核心利益。若谁堵塞交地,其性质就和"搬起石头砸自己的脚"十分类似了。想必某些国家会通过中俄海上战略巡航对号入座,也更加明白"交地则无绝"的道理。

"诸侯之地三属,先至而得天下之众者,为衢地",在衢地要和邻居搞好关系的道理,在《九变篇》中已经提出过。为何孙武多次强调"衢地则合交"呢?连接欧亚两洲的土耳其就是最佳答案。

作为地缘政治中心的土耳其，在一定程度上控制着黑海，控制着博斯普鲁斯海峡和达达尼尔海峡。认识到这一点，就不会对这一怪现象感到不可理解了：美国和俄罗斯等国对土耳其虽有不满，但都竞相拉拢土耳其。归根到底，美俄都有求于土耳其，以实现自己地缘政治利益的最大化。土耳其则利用东西方国家的"所求"来实现土耳其的利益最大化。

深入敌国境内作战的地区，叫"重地"，在重地作战，原则就是"重地则掠"。重地与轻地的概念相对，在轻地作战不要停留，在重地作战则要坚定信念，并掠夺当地的粮食补给。

事实上，这其中牵扯进了后勤补给的概念。战争跨越几千年，后勤补给一直都是绕不开的主题。1941 年 6 月，德国入侵苏联，第二次世界大战中规模最庞大、伤亡最重的一场大战正式拉开帷幕。我们都已十分熟悉这场大战的结局，导致德国失败的原因有很多，其中之一就是德军补给出现了严重问题。补给线就是生命线，当德军推进到莫斯科后，补给线过长的问题使德军逐步陷入困境。是德军不懂"重地则掠"的原则吗？非也非也，实在是因为苏联太过辽阔，城市村落分布得太过分散，再加上天寒地冻，师出无名，让德军去哪里掠夺，去哪里争取援助？失去后勤补给的德军岂能不败？

难以通行的地区，叫"圮地"，"圮地则行"，遇到圮地要迅速通过。为了在遇到圮地的时候能够更快通行，工程兵部队应运而生。在冷兵器时代，军队以步兵、骑兵为主，在行军过程中受地形地貌限制很大。随着科技发展，军队从骡马化逐步过渡到摩托化、机械化。现在，轮式、履带式武器装备占比越来越高，行军途中更要逢山开路、遇水架桥。

《孙子兵法》中多次强调抢占先机的重要性，"兵贵神速"是刻进每一个军人心中的制胜秘诀。工程兵部队的主要使命之一就是保持行军道路畅通，虽然不需像前线部队那样直面铁与血的考验，却在一定程度上左右着战争的走向。

当难以通行，敌人能以少胜多的"围地"，和不拼死一战就会灭亡的"死地"，同时叠加在一个国家的属性里，会产生什么反应？孤悬于伊斯兰世界的以色列，一面靠海，三面临敌，是围地与死地最贴切的诠释，但其仍以一己之力牵动着整个中东，乃至整个世界力量的变化。

"围地则谋，死地则战"，以色列以奇谋求发展，以死战求生存。1948 年，以色列刚刚宣布建国仅几小时，6 万阿拉伯联军就包围了以色列。那时羸弱的以色列只能用勉强凑齐 2 万人的军队拼死一战。这种为生存而战的意志，始终贯穿在 5 次中东战争之中，毕竟埃及、叙利亚等阿拉伯国家若失败仍是阿拉伯国家，而以色列若失败，地图上就再也找不到这个犹太国家了。

"投之无所往，死且不北；死焉不得，士人尽力"，孙武在2000多年前就将以色列人身处绝境、拼死一战的心态诠释得淋漓尽致。当然，以色列赢得历次中东战争离不开以美国为首的西方国家的军事援助，但以色列并没有将希望完全寄托在别国身上，目前以色列已是全球武器装备主要出口国之一，在科技、经济、文化等方面也均有令世界瞩目的表现。

分析以色列军队在历次中东战争中胜利的原因，一定绕不开当军队深陷围地、死地这样的地势时，所迸发出的勇气和决心，这就是"兵士甚陷则不惧，无所往则固"。

《九地篇》看似与地势紧密相连，事实上除了地形地貌、地缘政治、战场谋略等，将领对军心的凝聚亦十分重要。军心，就是一支军队的战斗意志，只有士众一，军心结，才能达到孙武心中理想军队的模样，如"常山之蛇"一般，"击其首则尾至，击其尾则首至，击其中则首尾俱至"。

当我们浏览国际军事类新闻时，即使完全不懂军事的朋友也会发现这样一种趋势，战争目的和形式越来越多样化，网络战、太空战、无人装备战等新型作战样式不断涌现。当新与旧各种作战样式结合起来的时候，一体化作战就此诞生。而一体化作战所达到的效果，正是"击其首则尾至，击其尾则首至，击其中则首尾俱至"，不分彼此，浑然一体。整个军队不分军兵种，犹如一支庞大的交响乐团，每个成员同看一张乐谱作战，统一战场、统一感知、统一决策、统一行动。

从美军击毙本·拉登的"海神之矛"行动中，可窥见如"常山之蛇"般一体化作战的大致轮廓。2011年5月1日深夜，美军派出24名海豹突击队特战队员跨洋奔袭、千里点穴，一举击毙本·拉登。此次行动，美军整合了海、陆、空各军种力量，搭建了从白宫到一线突击队员的无缝指挥链，使远在万里之外的白宫能通过无人机同步传输的视频现场"观战"，实时指挥。

表面上，是24名突击队员实施行动，实际上，美军动用了卫星、无人机、战斗机、航母编队等在后方进行全域保障支援，无论哪一个环节出了问题，各方力量都能随时策应。"携手若使一人"，曾是古今中外所有军队追求的目标，今天已是作战的根本所在。

"九地之变，屈伸之利，人情之理，不可不察"，对地势的掌握，对利弊的权衡，对心理的驾驭，都是将领必须研究的。地势、利弊，这两方面在之前的篇章中孙武做过多次不同角度的解读，而人情之理在《九地篇》中被密集地反复提及。

如何使士兵专一？如何让士兵勇敢？如何令士兵将生死置之度外？答案在今天看来有些残忍，"投之亡地然后存，陷之死地然后生"，而且还要做到"犯之以事，勿告以言；犯之以利，勿告以害"，也就是说，在执行危险任务前，绝不能透露任务的性质和危险。这一点已是世界各国出兵打仗的通用做法。科索沃战争中俄军派空降兵夺取普里什蒂纳机场就是如此，参与任务的 200 名空降兵直到最后一刻才知道自己的对手是北约联军。

除了将士兵投之亡地、陷之死地激发其勇敢和斗志外，还要让士兵在残酷的战场中获取希望，这就是战报的功能。战报一定程度上就是喜报，报喜不报忧，无论是对军人还是对百姓，其目的就是鼓舞士气，鼓舞民心，就算前线战事不利也不能直言不讳，这不是欺骗，是要让军人和百姓看到希望才能拼死一搏。

在《九地篇》的最后一段，孙武强调"政举之日，夷关折符，无通其使"，当作战计划定下来的时候，就要全面封锁，停止使者往来。为什么？为了保密。保密工作是夺取战争胜利的重要保证，一支没有秘密可言的军队，就没有胜利可言。尤其在开战之前，制订作战计划的阶段，保密工作更为重要。

提到宗方小太郎这个名字，很多读者都会感到陌生，他是近代史上最具典型性的资深日本间谍。1884 年，宗方小太郎来到中国从事间谍工作，甲午战争前北洋海军的战略意图、出发时间、行驶路线等关键情报都由他所提供。他乔装打扮成中国人，探听北洋水师动向，对北洋水师的战舰数量、详细番号以及执行护送任务、修理军舰、港口驻扎等情况一一探查、记录……如此，北洋水师在日本海军面前如同透明人一般，全军覆没的结局业已奠定。

　　无论是在战场，还是在商场，乃至科技领域，保密就是保战斗力、竞争力和创新力，这也符合当今时代的混合战争新形态，马虎不得。

商场如战场

不同的市场不同的打法

　　在本篇一开始，孙武就提出了九种"地"，如散地、轻地等，在《九地篇》中，这些"地"更侧重于描述敌我双方的相对关系，某地最终落脚于对军队处境的描述。你一定知道长白山天池的火山口地形，中间是个凹陷的大水泊，四面则是凸起的山峰。你可以设想，如果你在水泊里，四周山上万箭齐发，你的结果将是如何。应对不同地形，需要不同的打法。

　　在商业领域，如果说上一章讲的更多的是认识企业的绝对位置，那么这一章孙武的理念则更侧重于要弄清并利用好企业所处的相对生态位——在整个商业中，企业到底处于什么样的生态角色。

STP营销战略是一种基于市场细分、目标市场选择和市场定位的营销战略模型。其中，S是Segmentation的缩写，代表市场细分；T是Targeting的缩写，代表目标市场选择；P是Positioning的缩写，代表市场定位。这个模型允许企业将市场分割成更小、更具体的消费者群体，并针对特定的市场细分开展精准的营销活动，以实现市场的高效开发和营销资源的最大化利用。

STP战略的第一步，要知晓市场细分的目标。

首先，市场细分指的是将整个市场按照一定的特征和标准划分为不同的子市场。市场细分可以基于多种标准进行，如地理位置、人口统计学特征、心理行为特征、购买行为等。

市场细分的标准包括以下方面。

（1）地理位置：基于地理位置的特征进行细分，如国家、地区、城市、气候等。

（2）人口统计学特征：基于人口特征进行细分，如年龄、性别、教育水平、职业等。

（3）心理行为特征：基于消费者的态度、兴趣、价值观等心理特征进行细分。

（4）购买行为：基于购买行为进行细分，如购买频率、购买量、购买动机等。

通过市场调查和分析，进行市场细分，这些细分具有一定的特征和需求。对每个市场细分的规模、增长趋势、竞争程度等进行评估，确定哪些市场最具吸引力。随后，确定企业将重点关注和服务的目标市场，以确保资源的最优利用。

STP战略的第二步，进行目标市场的选择。

接下来，选择一个或多个作为企业的目标市场。这一步旨在选择与企业自身能力、资源和战略方向最匹配的市场，以便深入了解、满足目标市场的需求。

目标市场选择的标准包括以下方面。

（1）市场规模：目标市场的规模应足够大，以确保企业实现盈利和增长。

（2）增长趋势：目标市场应具有良好的增长趋势，有利于企业长期的发展。

（3）可达性：目标市场的消费者应该能够被有效地接触和影响。

（4）可分辨性：目标市场应该与其他市场有明显的区别，以确保营销策略的准确性。

（5）适应性：目标市场的需求和行为应该符合企业的产品或服务的特性，以确保企业的竞争优势。

根据评估结果选择一个或多个最具吸引力的市场，作为企业的目标市场。确定企业在目标市场的产品或服务，以满足目标市场的特定需求和愿望。

STP 战略的第三步，确定市场定位。

市场定位是指企业在目标市场中选择一个独特的、有别于竞争对手的定位，以建立起自己在消费者心目中的独特形象。市场定位可以通过品牌、定价、广告等手段实现。

市场定位的类型包括以下方面。

（1）产品特性定位：以产品特性为基础进行定位，强调产品的独特性和特点。

（2）消费者定位：根据目标消费者的特征和需求进行定位，强调产品能够满足目标消费者的需求。

（3）竞争对手定位：将自己相对于竞争对手进行定位，强调自身与竞争对手的区别。

在这个环节，企业需要根据目标市场的特征和需求，选择适合的市场定位策略，如产品特性、价格、品牌形象等。根据选定的市场定位策略，制订相应的营销计划，以确保产品或服务在目标市场中有良好的定位。

在这方面，OPPO 手机的做法值得学习。

在进入手机市场后，OPPO 从 A 系列到 Ulike 系列，每款手机都有自己的卖点，体现了 OPPO 手机技术的不断更新迭代。OPPO 手机推崇"Use Easy"理念，以用户体验为基础进行个性化设计，使手机操作更便捷，生活更简便。

OPPO 并没有在利润率更高的中高端市场拼杀，而是在低端市场寻找发展机会，特别瞄准二三线城市的低端市场，奠定了企业生存和发展的基础。凭借价格优势和设计优势，OPPO 快速进入市场，积累资源，然后逐步与大品牌竞争。

与此对应，OPPO 的销售策略也主要侧重于线下渠道，他们拥有强大的线下实体店网络。

针对自己的目标用户，OPPO 选择了最适合他们的广告策略，例如，通过在各大卫视黄金时段的广告、热播综艺节目中的植入以及明星代言来扩大品牌知名度，以明星效应吸引目标消费群体。同时，OPPO 强调产品可以满足用户音乐、拍照等精神层面的需求。

通过 STP 战略，企业能够更好地满足消费者需求，建立品牌形象，并在竞争激烈的市场中取得成功。

第十二章

火攻篇

思维导图

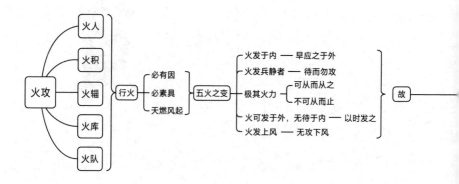

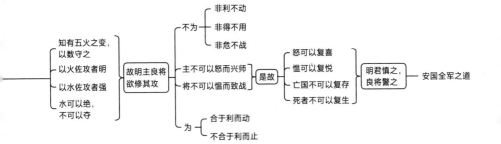

🌸 原文 🌸

孙子曰：凡火攻有五，一曰火人①，二曰火积②，三曰火辎，四曰火库，五曰火队。行火必有因，烟火必素具。发火有时，起火有日。时者，天之燥也；日者，月在箕、壁、翼、轸也。凡此四宿者，风起之日也。

凡火攻，必因五火之变而应之。火发于内，则早应之于外。火发兵静者，待而勿攻；极其火力，可从而从之，不可从而止。火可发于外，无待于内，以时发之。火发上风，无攻下风。昼风久，夜风止。凡军必知有五火之变，以数③守之。

故以火佐攻者明，以水佐攻者强。水可以绝，不可以夺。

夫战胜攻取，而不修其功者凶，命曰费留。故曰：明主虑之，良将修之。非利不动，非得不用，非危不战。主不可以怒而兴师，将不可以愠④而致战；合于利而动，不合于利而止。怒可以复喜，愠可以复悦，亡国不可以复存，死者不可以复生。故明君慎之，良将警之，此安国全军之道也。

注释

① 火人：此处"火"为动词，放火。这里指焚烧敌人的军马营寨。

② 积：积蓄，这里指军需物资。

③ 数：规律，法则。

④ 愠：心躁，不冷静。

译文

孙武说，火攻的形式有五种，一是火烧敌人的军马、营寨；二是火烧敌人囤积的物资和粮草；三是火烧敌人的辎重；四是火烧敌人的仓库；五是火烧敌人的运输补给线。进行火攻必须具备客观条件，火攻的器械也必须时刻准备着。发动火攻要看天时，看日子。天时，就是气候干燥的时候，日期最好是月亮经过箕、壁、翼、轸四星宿位置的日子，只要符合这样的天象，就是起风的日子。

只要发动火攻，必须根据五种火攻可能产生的情况灵活地进行兵力策应。在敌营内部放火，就要及早派兵在外部策应；火烧起来，敌营内部还保持镇静的，应该慎重，先等待，不要着急进攻，等火势猛烈时，再根据情况采取行动，可以进攻就进攻，否则就停止。如果从外面放火，那么就无须等待内应，只需根据时机实施即可。如果在上风口放火，不要在下风口进攻。白天刮风，晚上风就容易停。作战时，必须知道这五种火攻情形及其会产生的变化，最好是等待容易起风的时候发动火攻。

用火辅助军事进攻，效果很明显，用水辅助军事进攻，攻势就会加强。水可以隔断敌军，但不能夺取敌人的军需、取得最后的胜利。

如果战胜了敌人，攻下了城池，却不能巩固已有战果（包括给士兵奖赏），就容易留下祸患，这叫作"费留"，就是徒劳白费的意思。所以说，贤明的国君要慎重考虑这个问题，好的将领要认真妥善处理这个问题。没有好处就不要轻易行动，没有把握取得胜利就不要轻易用兵，不处在危急紧迫的形势下就不要轻易开战。国君不可以因为愤怒而兴兵打仗，将领不能因为焦躁就与人交战。符合国家利益就行动，对国家不利就停止。愤怒可以重新变为欢喜，气愤可以重新变为高兴，但覆灭的国家不会再存在，人死也不会复生。因此，贤明的国君要对战争保持谨慎，好的将领要对战争保持警惕，这是国家安定和得以保全军队的关键所在。

　　注：火攻这件事不仅有火，更重要的是有攻。火其实只是策应军队进攻的手段而已，即使到 20 世纪前中期的热兵器时代，也是讲究"炮兵轰完步兵冲"，所以孙武提出了五种策应的方式。如果在敌人内部点火，那就要尽快在外部策应；如果放了火敌人还是很镇静，那就得慎重，先考察一下我们烧掉的是不是空营，等判断完情况再决定是否进军，否则容易中埋伏；如果是从外面放火，那就不用等待，伺机进攻即可；如果是在上风口放火，那就不能在下风口进攻，不然容易引火烧身；昼风久，夜风止，说的就是如果白天刮了很久的风，晚上风很可能会停，其实反过来也一样，在气候温和的地带，尤其是中原地带，风云晴雨等不同天气交替出现是比较常见的情况。南北朝时期，梁大将王琳率兵东下进攻陈国，而侯瑱率兵与之相拒，一开始是夜晚猛刮东北风，梁军的船被刮翻了不少，便退去休整。后来白天西南风大作，这本来对梁军十分有利，王琳便想借势进攻，但是侯瑱找到机会，派军队悄悄跟在梁军的后面，等到开战时，双方的局势逆转，梁军又成了逆风，投出的引火物全被吹回了自己的船上，反而将自己火攻了，于是造成了惨烈的大败。

现代战争应用

控制情绪与时机，借力达成目标的启示

火，是物体燃烧时所发的光和焰。

火，彻底改变了人类命运。

据考古发现，在中国、肯尼亚、南非等地均发现了距今150万年的用火遗迹。虽然人类学会人工取火的准确时间已无法考证，但可以肯定的是，人类文明的发展史，就是一部以各种方式使用火的演变史。当然，滚滚向前的人类战争史，同样离不开火。先是利用火结合自然的力量给敌人致命一击，后来逐渐发展出火器，直到现在的热兵器，都与火密不可分。

《孙子兵法·火攻篇》虽是主谈火攻的章节，但通篇对火攻并无溢美之词。相反，孙武不断强调进行火攻的自然条件和战场条件。"发火有时，起火有日"，在三国时代，火攻几乎贯穿整个争霸史，我们最熟悉的就是赤壁之战和火烧连营，二者都是那个历史时期的决定性战役。在火器出现之前，火攻是古代战场上杀伤力巨大的一种战法，古人以火为武器，借助自然力量攻敌制胜，其威力堪比现代战争中的核武器。不过，古代的火攻手段相对单一，战斗部是柴草或油脂，载具是弓箭、船、动物，甚至是人。

那么，在充斥着飞机大炮、装甲战车、巍巍舰阵的现代战争中，火攻是否已经过时？答案是否定的，火攻仍具有其特殊的价值，依托现代军事手段，就能把一座大城市毁灭殆尽。

1945 年 3 月 9 日凌晨刚过，334 架 B-29 轰炸机飞抵东京上空，开始了对东京的彻底轰炸。2000 余吨燃烧弹如蜂群般相继从机腹中飞出砸向地面，东京大片木质建筑瞬间化作火海，大火形成的热浪与冷空气对撞形成强劲对流风，由此产生的火焰龙卷风又造成更大范围的破坏。当时的文献显示，避难的人即使跳进河中也无济于事，因为剧烈燃烧所引发的高温已把河水煮沸。2024 年 2 月，在日益焦灼的俄乌冲突中，乌克兰用无人机攻击了俄罗斯最大炼油厂之一——伏尔加格勒炼油厂。此番袭击目的是切断俄军的油料补给，同时破坏俄罗斯的财政收入。炼油厂正是现代战争中"火攻"的绝佳目标，不仅可以通过其自身的特点——易燃易爆来加大火势，还可以通过其衍生出更多破坏。

东京大轰炸，堪称战争史上单次轰炸造成损失最大的战例，比广岛、长崎原子弹轰炸带来的损失之总和还大。制定这一轰炸计划的指挥官柯蒂斯·李梅将军一战成名，因此东京大轰炸又被称作"李梅火攻"。"李梅火攻"焚毁了东京约 1/4 的面积，让 26.7 万余幢建筑付之一炬，8 万人葬身火海，百万人无家可归。

无论在古代还是在现代，火攻在战争中受到青睐是有深厚原因的。事实上，在东京大轰炸之前，美军曾多次派出轰炸机袭击东京、名古屋等主要城市的重要目标和军事设施，但效果均不理想。于是李梅将军经过实地踏勘并改变攻击策略，针对东京木质建筑多、军工企业在小作坊生产然后送到大工厂组装的情况，将炸弹换成了燃烧弹，其战果已得到全世界的见证。虽然日后美国对日本的轰炸引起了关于使用燃烧弹的道德争论，但日本对中国进行过重庆大轰炸和成都大轰炸，使得美国缺少了为轰炸日本而道歉的道德动力。

2023 年 8 月 7 日，广岛原子弹事件已走过 78 周年。时任日本首相的岸田文雄参加广岛原子弹爆炸遇难者悼念活动时，却只字不提是美国人干的。可见，对日本人而言，道德审判的前提是对强弱的鉴别，而不是对是非的辨别。

除了燃烧弹，火焰喷射器、汽油弹、温压弹等，究其根本都是火攻的现代版表现形式。利用燃烧作为主要杀伤力，是这些武器装备的共同特点，相比穿甲、爆破、破片杀伤等战斗部而言，火作为战斗部的作用更加独特。

火与水一样，会流动，会蔓延，这一特性使得堡垒、地下室、山洞、隧道等看似十分坚固的目标变得脆弱。这类目标能抵挡大炮的轰炸，抵挡导弹的袭击，却对火攻无可奈何。

若敌人藏身于坚硬目标内，无论地上还是地下，使用火焰喷射器、凝固汽油弹一类的武器，其产生的烈焰可向内部蔓延，且仅凭高温就能有效歼灭有生力量，甚至直接将建筑摧毁。此外，燃烧的同时还会产生致命的有毒气体，也就是说，除了烧灼、高温外，火攻还有一个必杀技就是"毒气"，同时这种因燃烧产生的毒气致死也并不触犯目前的任何一个国际条约。

如今牵动全世界目光的俄乌军事冲突，俄军就开启了现代战争版的火攻。2023 年 8 月，俄军正式在哈尔科夫方向发动反攻。为快速消耗乌军有生作战力量，俄军向乌军阵地发射了约 80 枚温压弹。躲在工事里的乌军能防御常规炮弹，却不能逃过温压弹的"魔爪"，大量乌军官兵的生命就这样在一瞬间被永远地留在了阵地上。

温压弹就是另类的火攻武器。温压弹为何威力如此之大，能在瞬间消灭敌人？温压弹是在云爆弹，即燃料空气弹基础上研制的新型武器，其特点是起爆瞬间产生高温高压，仅用万分之二秒就能迅速耗尽周围氧气，使人员窒息而死。同时，爆轰产生的冲击波作用时间长、威力大，可杀伤复杂建筑物中隐蔽较深的人员，同时不毁坏建筑。温压弹不仅可以做成炸弹，也可以做成榴弹、航弹、火箭弹或导弹战斗部。从军工研发、部队使用的角度看，有"亚核武器"之称的温压弹破坏力巨大、成本合理，被广泛使用。

从20世纪90年代起，美国在海湾战争、科索沃战争、阿富汗战争、伊拉克战争等几场局部战争中，均使用了温压弹一类的高爆武器。俄罗斯在叙利亚反恐作战中，使用了便携式单兵温压火箭发射器和温压火箭炮系统。可见，火的威力始终贯穿于人类战争史。可以肯定的是，今天乃至未来战场，各国军队仍会利用火攻这一战术夺取战场上的主动权，只是火攻的手段不同于孙武所处的冷兵器时代罢了。

在《火攻篇》中，孙武特别强调了使用火攻的天气。"时者，天之燥也；日者，月在箕、壁、翼、轸也。凡此四宿者，风起之日也。"简单来说，发动火攻要看天时，看日子，要等一个干燥且有风的天气。如果要在现代战争中发动火攻，是不是就可以不受天时和日子的制约？不可以，再高科技的武器装备仍要"出门看天"，因为天气会直接影响武器装备的使用效能，还可能会出现"人算不如天算"的情况。

第一次世界大战期间，利用飞艇进行侦察和攻击是德军意图打破战争僵局的撒手锏。德国研制的"齐柏林"飞艇，是当时世界上最大的人造飞行器，代表着近代史上飞艇发展技术的最高峰，飞机与其相比就像"不起眼的小兽"。于是，"齐柏林"飞艇迅速被德军"收编"，德军计划用两艘"齐柏林"携带大量高爆炸弹和燃烧弹对彼得格勒实施轰炸。

机缘巧合的是，一场大雪改变了一切。

雪花在飞艇顶部逐渐形成厚重的冰壳，飞艇在重压下越飞越低，飞行高度的降低意味着飞艇将进入防空武器的射程，无奈之下只好返航。返回途中，有一艘飞艇坠毁。很显然，德军用飞艇将彼得格勒变成火海的轰炸计划，就像融化的雪花般消失在历史的车辙上。

处理好气象条件与军事任务的关系，与武器装备的关系，无论何时都非常重要。民用飞机也好，军用飞机也罢，飞行器受天气的制约已是尽人皆知的常识。值得注意的是，天气对飞行器的制约并不局限于安全这一方面，还制约着飞行员选择飞行高度、轰炸时机、发射导弹时机等实际作战方面。

此外，气温对武器装备的性能影响也很大。严寒条件下，飞机、火炮、装甲车辆等会启动困难，轮式装备的橡胶轮胎会变脆，电子元器件的灵敏度会下降；气温过高，则会造成武器装备散热困难，雷达加速老化，火炮身管寿命缩短，高温还会使武器装备的瞄具失准，影响射击精度。

还有一个不可忽视的气候条件就是气压。空气密度与气压成正比，气压越高，空气密度越大，空气阻力就相应增大，反之亦然。因此在高原、平原发射炮弹、导弹，都必须考虑到气压的影响，最大程度消除气压对打击精度的影响。所以，不是什么武器装备都能在高原上作战的。

虽然科技飞速发展，但现在所有国家的军队还是必须"出门看天"。有没有办法消除不良天气对武器装备使用的影响？这就要从武器装备设计的环节开始着手。现在，所有的武器装备，小到枪械，大到飞机，定型前都要经过高温、高寒、扬沙等极端天气的考验，于是气候试验室应运而生。气候试验室能根据武器装备试验需求快速精准"变天"，除了常规天气，一些国家的气候试验室还可以模拟出盐雾、油雾、雷击等多种特殊天气，让风雨雷电都起于檐下。此类试验室的目的就是要全面检验武器装备的性能。但不得不说一点，再好的试验室也无法全面模拟复杂的战场环境，实战是检验武器装备性能的唯一标准。

鉴于气象条件依然是能够左右战争局势的重要条件之一，一些国家开始打起天气的主意。最简单粗暴的方法是用催雨弹人工降雨，以暂时迟滞敌方的部队机动与物资运输的效率。不过对于战争而言，这种以气象做武器的方式显然太过温和，真正的气象武器能够改变大气、海洋、地表空间等环境，引起或增加自然灾害，如洪水、地震、干旱、风暴、海啸等，达到对地方战略设施毁灭性打击的目的。与传统武器相比，气象武器的破坏力更具毁灭性，波及范围更广，还可能在多个领域引发连锁反应。常见的气象武器包括云团种植器、云团炸弹、人工放电装置等。

气象武器巨大的破坏力背后，隐藏着人类难以控制的力量——自然。自然环境如此复杂，利用气象武器的后果很可能会引起灾难的连锁反应，如滔滔不绝、淹没一切的洪水，或是再也无法孕育生命的干旱。

越南战争中，美军在投放橙剂杀死植被的同时，还打了几百万枚"催雨弹"，直接导致越南雨季延长、洪涝等自然灾害频发，妄图以此重创越南北方人民军。结果却是人工导致的大雨淹没平民房屋，几万人流离失所。

面对敌人的导弹，有反导系统可拦截，而面对气象武器，可谓防不胜防。1977 年 5 月，联合国大会通过《禁止为军事或任何其他敌对目的使用改变环境的技术的公约》，该公约禁止使用气象武器进行军事行动。目前，已经有超过 100 个国家进行签署，以保证气象武器不再成为全人类安全的威胁。但再多缺乏监督机制的条约也无法阻止霸权主义国家对条约的公然破坏。例如美国先后退出了《反导条约》《中导条约》等，同时美国也正在积极研制气象武器、地质武器等，其目的很明确，战胜对手而使用无所不用其极的手段，此类手段相比火攻，其威力强大千万倍不止。

战争，从来不是一个理想的结果。所以孙武在告诉我们如何使用火攻战术后，告诫我们："怒可以复喜，愠可以复悦；亡国不可以复存，死者不可以复生。"

面对以美国为首的北约国家持续东扩，普京也是忍无可忍，于 2022 年 2 月 24 日发动了特别军事行动，其目标看似是对付乌克兰，其本质实则是对抗美国，毕竟俄乌军事冲突的本质是美俄混合战争。在普京看来，忍无可忍也就无须再忍。主帅或可以怒，但也需要保持理性并胸有成竹，于国于民族有利才行。

商场如战场

商业上颠覆性产品的"杀手级"应用

在冷兵器时代，火与水等特殊手段都是战争中的武器，在《火攻篇》中，孙武以火攻为例，分析了非常规手段在战争中的使用情况，这一章篇幅短小，也不难理解。

火攻只是战争的手段，或者说是一种辅助工具，它并不能取代士兵的作用，所以孙武在后面说，战胜了敌人，但是没有得到利益，这样的结果是不好的。本篇没有以水攻为核心，也是因为水攻的成本算起来要大大高于火攻，还经常涉及大规模工程，会消耗许多钱粮，就算打赢了，最后算下来也可能是徒劳白费的结果。

以今天的视角来看，火攻更对应原子弹这样的大规模杀伤性武器，相当于商业领域的"爆款"产品、拳头产品，以及各种颠覆式创新。在这方面的标杆，当属贝尔实验室。

贝尔实验室，历史悠久而辉煌，是科技领域的瑰宝。贝尔实验室诞生于 1925 年，早期致力于电信技术的探索，包括电话交换机、电话电缆、半导体等领域的研究和开发。这个实验室就像一个科技奇迹的摇篮，许多科技创新、突破和发明都在这里孕育。其成就不胜枚举，且令人震惊，包括晶体管、光伏电池、电荷耦合器件，这些科技发明，都是在贝尔实验室首次问世。晶体管的发明彻底改变了电子设备的制造方式，打开了计算机科学和电子技术的新纪元。光伏电池则改变了能源的获取方式，成为清洁能源的重要组成部分。电荷耦合器件的问世，则极大地推动了摄像技术的进步。这些发明不仅影响了科学技术，也改变了我们的日常生活。

此外，贝尔实验室的科学家们开创了射电天文学的先河，为我们解开宇宙奥秘提供了重要线索。他们还在信息论、Unix^①和多种编程语言方面做出了突破性的贡献。这里的研究成果不仅在学术领域有所突破，更为现代科技的发展奠定了基础。

---

① Unix 是 20 世纪 70 年代初出现的一个操作系统。

贝尔实验室的创新成果没有停留于理论研究，更为商业世界带来了深远影响。它的研发成果直接影响了通信行业和电子技术的发展。晶体管的发明推动了电子设备的迅速普及，改变了我们的生活和工作方式。光伏电池则在能源领域掀起了一场革命，为可再生能源的利用提供了新的途径。C语言、C++语言和S语言的发明，为编程语言的发展打开了新的大门。这些编程语言成为软件开发的基础，推动了信息技术的繁荣和互联网的崛起。

贝尔实验室不仅是一个科研机构，更是科技创新的殿堂。它的成就不仅影响了学术领域，也深刻改变了我们的生活，其现实威力堪比商业"原子弹"。

尽管《火攻篇》的篇幅不长，但其实是以火攻为代表，分析了古代视角下非常规大规模杀伤性战术对战争的影响，除了讲解火攻的细节以外，更强调了前文中反复说起的慎战思想，战争是手段，而不是目的。

第十三章

用间篇

思维导图

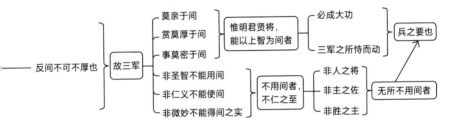

反间不可不厚也 —— 故三军

- 莫亲于间
- 赏莫厚于间
- 事莫密于间 —— 惟明君贤将，能以上智为间者
  - 必成大功
  - 三军之所恃而动 —— 兵之要也
- 非圣智不能用间
- 非仁义不能使间
- 非微妙不能得间之实 —— 不用间者，不仁之至
  - 非人之将
  - 非主之佐
  - 非胜之主 —— 无所不用间者

🔸 原文 🔸

孙子曰：凡兴师十万，出征千里，百姓之费，公家之奉，日费千金；内外骚动，怠于道路，不得操事者，七十万家。相守数年，以争一日之胜，而爱爵禄百金，不知敌之情者，不仁之至也，非人之将也，非主之佐也，非胜之主也。故明君贤将，所以动而胜人，成功出于众者，先知也。先知者，不可取于鬼神，不可象①于事，不可验于度，必取于人，知敌之情者也。

故用间有五：有因间，有内间，有反间，有死间，有生间。五间俱起，莫知其道，是谓神纪②，人君之宝也。因间者，因其乡人而用之。内间者，因其官人而用之。反间者，因其敌间而用之。死间者，为诳事于外，令吾间知之，而传于敌间也。生间者，反③报也。

故三军之事，莫亲于间，赏莫厚于间，事莫密于间。非圣智不能用间，非仁义不能使间，非微妙不能得间之实。微哉！微哉！无所不用间也。间事未发，而先闻者，间与所告者皆死。

凡军之所欲击，城之所欲攻，人之所欲杀，必先知其守将、左右、谒者、门者、舍人之姓名，令吾间必索④知之。必索敌人之间来间我者，因而利之，导而舍之，故反间可得而用也。因是而知之，故乡间、内间可得而使也；因是而知之，故死间为诳事⑤，可使告敌。因是而知之，故生间可使如期。五间之事，主必知之，知之必在于反间，故反间不可不厚也。

昔殷之兴也，伊挚在夏；周之兴也，吕牙在殷。故惟明君贤将，能以上智为间者，必成大功。此兵之要，三军之所恃而动也。

注释

① 象：类比。
② 神纪：神妙的办法。
③ 反：通"返"，返回。
④ 索：搜索。
⑤ 诳事：虚假的情报。

译文

孙武说，只要是起兵十万，千里征战，前方后方，举国牵动，每天的消耗不计其数。百姓或为行军作战或为后方运输而疲惫于道路之上，因而不能从事正常生产劳动的，足足有七十万家。与敌人相持数年，为的是争一朝之胜利，如果你吝惜官位、俸禄、金钱等而不去重用间谍，以致不了解敌情而导致失败，就是最不仁慈的，不是军队的好将领，也不是军队的好辅佐，更不可能成为胜利的主宰者。所以，那些贤明的国君和好的将领，之所以能够使军队一出动就克敌制胜，成就功业，超出众人，就在于其事先掌握了敌情。要想事先了解敌情，不能从祈求鬼神的过程中获得，不能用过去相似的事物去做类比，也不可以用夜观星宿的方法去占卜，一定要从知道敌人真实情况的人处获得。

使用间谍有五种方式：因间、内间、反间、死间和生间。若五种间谍同时都使用起来，敌人便摸不到我们用间的规律，这就是神妙之道，是国君能克敌制胜的法宝。"因间"就是利用敌人的乡人做间谍；"内间"就是使敌方的官吏做间谍；"反间"就是使敌方的间谍为我方使用；"死间"就是通过向外面散播假情报，让我方间谍知道后再传给敌方间谍；"生间"就是能活着回来报告敌情的我方间谍。

所以在军队中，用人没有比间谍更亲近的了，奖赏没有比间谍更优厚的了，做事情也没有比间谍更机密的了。不睿智聪明的人不能利用间谍，不仁慈慷慨的人不能使用间谍，不精明善断的人不能分辨出情报的真假。这太微妙了！几乎没有不用间谍的地方。若间谍工作还没开始，情报就先泄露出去了，那么间谍和听到秘密的人都要被处死。

凡是要进攻敌人的军队、攻打敌方的城池、击杀地方的官吏，其守城的将领、将领左右的亲信、负责传达通报的官员、守门的小吏以及门客幕僚等的姓名，一定要让我方间谍都去侦查清楚。一定要仔细搜索出敌方的间谍，收买他并加以利用，诱导他然后再放他回去。这样可以了解敌方的情况，"乡间""内间"就可以为己所用了；就可以通过"死间"传假情报给敌人；就可以使"生间"按照预定时间回来报告敌情。这五种间谍的使用方法，国君是必须要知道的。而了解和掌握情报的关键必定在于使用"反间"，所以"反间"不能不厚待。

商的兴起是由于伊挚曾经在夏，并了解夏的内情，周的兴起是由于姜尚曾经在商，并了解商的内情。因此，只有那些使用了高超智慧的人去做间谍的贤明国君和好的将领，才能够成就大业。这就是用兵的要领，整个军队都是依靠它来决定军事行动的。

现代战争应用

不信鬼神与占卜，用好隐秘战线的力量

"我知道间谍是怎样一些人。"

俄罗斯总统普京在一次采访中，如此定义间谍："他们是具有独特品质、信念和性格的一批人……远离故土，常年在外，将自己的一生献给祖国。"20世纪80年代末，普京作为间谍在东德工作，当时领导一个由8名克格勃特工组成的情报小组，负责"招募间谍，收集信息，进行加工整理，然后发往中央"。

当普京以"过来人"的视角诠释间谍的另一面时，他诠释的这一面与我们熟悉的间谍似乎不太相同。在固有印象里，间谍刀尖舔血，日日惊魂，间谍工作充斥着欺骗、背叛，甚至死亡。而事实上，真正的间谍并不是个个都像影视作品中那般神通广大，武艺高强，归于本质来讲的话，他们是放弃自己原有生活、亲人、爱人的有血有肉的人。

"故明君贤将，所以动而胜人，成功出于众者，先知也。"军队克敌制胜的关键之一就是事先了解敌情，"先知"二字道尽间谍不可取代的重要性。《孙子兵法·用间篇》的主角正是间谍。在走进孙武笔下间谍的世界之前，我们首先要明确什

么是"先知者"。

"先知者，不可取于鬼神，不可象于事，不可验于度，必取于人，知敌之情者也。"不求鬼神，不观星占卜，不以经验做定夺，孙武从先知者必备的素质切入，从战略的高度总结"用间"的经验和方法论。简单来说，所谓先知者，落实到现实中，其角色更趋近于情报机构的头目、国家或军队的决策者。明确了先知者的定位后，就明白了《用间篇》绝非阐释如何当好间谍，而是如何用好间谍。

"故用间有五：有因间，有内间，有反间，有死间，有生间"，在五种用间方法中，"因间"称得上是我们最熟悉的一类间谍。古代是利用敌人的乡人做间谍，现代则主要是将留学生变成间谍。间谍组织一般利用网络聊天工具、校园论坛、招聘网站等渠道，打着招聘或者提供兼职等名义，以金钱诱使涉世未深的留学生参与情报收集、分析和传递。现在，不仅是留学生，间谍组织的黑手还伸向了在校大学生。事先锁定目标，许以高薪回报，通过利益吸引一部分学生上钩，使他们落入出卖情报的深渊。"因间"屡见不鲜，"谍战"就在身边，只不过它以一种隐秘的方式存在着。天上不会掉馅饼，天下没有免费的午餐，当美色、金钱走近你时，你需要考虑他们究竟看中了你什么。

"内间者，因其官人而用之"，内间就是利用敌方的官吏做间谍。在这里，我们可以把"官人"的概念由官吏进一步拓展到国家关键单位的负责人。试想，若敌国的间谍在军工企业、国防科研单位供职，将产生什么样的可怕后果？

1945年8月，原子弹"小男孩""胖子"相继在日本广岛、长崎长出蘑菇云，第二次世界大战随之画上了句点，日本战败投降。在原子弹投入战场之前，很少有人相信它真的可以被制造出来，直到其难以置信的威力让世界各国都不约而同地尝到了恐惧的滋味。

原子弹为美国赢得了前所未有的国际地位，然而美国人的喜悦并没有维持多久。1949年8月，苏联的核试爆取得圆满成功，成为继美国之后第二个掌握核武器的国家。这意味着在军事上有绝对优势的美国已经有了势均力敌的对手。

苏联怎么会只用了短短4年时间就掌握了原子弹技术？难道苏联也有一个"曼哈顿计划"和好几个"爱因斯坦"？事实上，苏联在原子弹技术上的突破，恰恰是来自间谍组织克格勃的悄然努力。

在苏联长长的克格勃名单上，有一个名字十分特别，克劳斯·福克斯。克劳斯·福克斯出生于德国，在纳粹党执政时期逃到英国并参与原子弹项目。正是在英国期间，福克斯投身于克格勃，开始为苏联提供情报。1943年，福克斯来到美国，成为制造原子弹"曼哈顿计划"中的重要成员，并在此期间向苏联提供制造原子弹的详细文字资料，包括制造氢弹的理论计划等，使苏联在短时间内获取与美国抗衡的重要技术资本。

苏联克格勃、美国中央情报局、英国军情六处和以色列摩萨德并称"全球四大情报机构"。这四大情报机构各有特点。

克格勃，功劳很大，错误不少，是一个与苏联休戚与共的符号。冷战时期是其黄金时代，苏联解体后，这个曾经创造过无数传奇的神秘组织，就随之成为一个历史符号。

美国中央情报局，简称中情局，凭借美国经济、军事世界第一的领先地位，自然代表美国执行"全球战略的鹰之力量"横行全球。长期以来，中情局在世界各地秘密实施"和平演变"和"颜色革命"，并通过网络盗取别国重要情报、敏感数据等，甚至在用户使用美国互联网设备和软件产品的过程中，都有可能在毫无察觉的情况下成为其"傀儡特工"。

英国的军情六处，全称为"秘密情报局六处"，是四大情报机构中成立最早的，第二次世界大战时期战果辉煌，为战胜法西斯轴心国贡献了不可忽视的力量。不过，军情六处并非生而辉煌，它直到第三任处长孟席斯任职期间才扭转颓势，成功破译了德军"埃尼格玛"密码，迎来无限生机。有趣的是，风头曾一时无两的军情六处与克格勃的渊源甚深，只是这种渊源都源于"渗透"。在英国的政治讽刺喜剧《是，首相》当中，有一句台词令人印象深刻："除了外交部，还有谁知道我们的秘密呢？只有俄国。"虽是在调侃，但也从侧面说明了各国情报机构之间的斗争无处不在，毕竟"能以上智为间者，必成大功"，能够使用高超智慧的人去做间谍的人，才能成就一番大业。

在四大情报机构中，以色列摩萨德既是最年轻的一个，也是路子最野的一个，曾被诟病"不讲武德"。使出浑身解数，疯狂使用手段的背后，与以色列军队拼死一战的决心有着相同的根源，就是强敌环伺，没有退路，以捍卫生存之名令对手谈"摩"色变。

摩萨德是美国中情局的学生，在常年以战代练的过程中，一定程度上青出于蓝而胜于蓝。

1956 年苏联共产党二十大的最后一天，赫鲁晓夫做了一份极其秘密的报告《反对个人崇拜及其后果》，从根本上否定了斯大林，想要清除个人崇拜的影响。这份报告一旦公布注定将产生飓风般的影响，不仅会在社会主义阵营中引发大范围疑虑，还可能引发严重的社会动荡，甚至使政权被倾覆。因此，报告全文作为机密被苏联严密地保护起来。

然而，报告全文却在不久后被《纽约时报》全文刊载，2.6 万字一字不少。苏联竭尽全力保护的机密，转眼就出现在美国的大街小巷，报纸竟然加印几十次，在东欧阵营引发了一场巨大的冲击。

谁干的？

美国中情局？是，也不是。事实上，美国中情局非常努力，使出了浑身解数，几经周折最后在波兰处获取了这份秘密报告的复印件，却发现有多处删节，关键部分内容全部空缺。那么，《纽约时报》刊登的完整报告从哪来的？从中情局的"嫡传弟子"——摩萨德那里买来的。

摩萨德特工从一个加入苏联共产党的犹太裔波兰人手中获得，通过外交邮袋将秘密报告的全文带回以色列。刚刚成立不久的摩萨德一战成名，"处女作"即震惊世界。

摩萨德的"谍海传奇"并没有高开低走，在与阿拉伯国家的历次明争暗斗中，都起到了极为重要的作用。

20 世纪 60 年代，苏联为扩大在阿拉伯世界的影响，将当时最新型的米格－21 战机出售给埃及、叙利亚、伊拉克等国，这让极其看重制空权的以色列如鲠在喉。为保持自己绝对的空中优势，只有一张米格－21 战机照片的以色列决定搞一架真机来研究，只要得到这型战机的相关数据，就有了获胜的关键钥匙。

可是，搞来一架米格－21 战机是多么痴人说梦的决定！

第一步，摩萨德一招美人计将伊拉克飞行员雷德法引到以色列；第二步，以色列空军司令坚定雷德法出走的决心，安排其家人离境；第三步，雷德法驾驶米格－21正常升空，达到预定高度后突然调转机头向以色列方向飞驰，在美军F－4战机的护送下，降落在以色列内格夫沙漠空军基地。直到此时，伊拉克仍未发现自己的飞行员已驾驶米格－21叛逃，痴人说梦的决定就这样变成现实。

一年后的夏天，第三次中东战争，即"六日战争"爆发。早已被以色列摸清老底的叙利亚、约旦、伊拉克、埃及等国损失惨重。以色列的胜利并不令人意外，因为战争的结局早在伊拉克飞行员雷德法决定叛逃的那一刻就已写好。

摩萨德前脚紧锣密鼓地偷战机，后脚就在密谋如何瞒天过海偷战舰。1969年，法国戴高乐政府迫于阿拉伯联盟的压力，宣布停止向以色列交付其订购的"萨尔－3"型导弹艇，并支付了一笔违约金。以色列决定既然买不来，那就果断偷回来。

首先，摩萨德在巴拿马注册了一家皮包公司，和法国人谈起导弹艇商用的生意。然后，摩萨德用法国付的违约金交了订金。随后，在1969年的圣诞夜，趁着法国人都在吃团圆大餐的时候，以色列海军和摩萨德特工潜入码头，开着被法国扣下来未交付的5艘导弹艇溜出船厂，在夜色中向以色列港口城市海法驶去。

等法国人惊觉导弹艇消失时，显然为时已晚。

不择手段，甚至是"不讲武德"，是摩萨德给很多人留下的印象。处于敌国包围中的以色列，面对灭国的威胁，其情报机构摩萨德的行事风格难免肆无忌惮，隐秘的战线里注定会有很多不为人知的牺牲和罪孽。

"反间者，因其敌间而用之"，使敌方的间谍为我方使用，也就是我们常说的双面间谍。"五间之事，主必知之，知之必在于反间，故反间不可不厚也"，在因间、内间、反间、死间、生间五种间谍中，孙武认为反间最为关键，最重要的情报必来自反间。在古巴导弹危机中，反间所扮演的角色至关重要。

潘科夫斯基是苏联的情报官员，也是著名的双面间谍。他在古巴导弹危机期间为美国提供的情报，在一定程度上改变了这个世界。潘科夫斯基将5000多份最高军事机密文件送到西方，分文未取。这些机密包括苏联核武器的真实数量、远程导弹的性能等，这些关键情报对时任美国总统的肯尼迪在古巴导弹危机中所做的决定，产生了不可估量的影响。肯尼迪因此确信，苏联的核武器并没有看起来的那么强大，最终坚定迫使苏联在古巴撤出导弹，热核战争的阴云随之消散。今天，我们已无法推测若潘科夫斯基没有作为反间，向美国提供苏联的关键军事情报，古巴导弹危机会如何发展，毕竟历史不能重演。

战争，无论古今都是有你无我的生死之搏。没有情报，好似在八角笼的搏斗中被夺去了双眼。"为了打一个胜仗，是需要几个军的，但要破坏胜利，有几个能偷出作战计划而交给敌人的人就足够了。"斯大林的一句话道出了间谍与情报、与胜负间的微妙关系。

"微哉！微哉！无所不用间也。"

在孙武划定的五类间谍中，最惨烈的是死间。"故死间为诳事，可使告敌"，死间传递虚假情报，一旦被敌人发现情报为假，大概率难逃一死。与死间相对的是生间，即能活着回来报告敌情的我方间谍。

1972 年，苏联放出风声，打算找一家美国飞机制造公司，为其建造一个世界上最大的喷气式飞机制造厂，这笔生意价值 3 亿美金。为此，美国波音、洛克希德和道格拉斯等公司都蠢蠢欲动。其中，波音公司表现得尤为热情，背着美国政府让 20 名苏联专家前来考察参观。从飞机装配线到相关试验室，苏联专家进行了细致的"考察"，还得到了大量资料和建造大飞机的详细计划。待苏联专家回国后，翘首以盼的波音公司发现 3 亿美金的生意没了踪影，倒是在不久之后，惊觉苏联竟利用波音公司提供的技术，设计制造出伊柳辛式巨型喷气式运输机。军工界流传着这样一句话："一代材料，一代装备。"先进的材料是高端装备研发的关键所在，材料一直是概不外传的重要秘密。可是，当时苏联没有掌握建造大飞机的铝合金材料技术，伊柳辛式巨型喷气式运输机是怎么造出来的？

原来，机关在鞋底。

苏联专家在"考察"时特意穿了神奇的皮鞋，鞋底能吸附从飞机零部件上切削下来的金属屑，在神不知鬼不觉间，这些藏着重要秘密的金属屑被带回苏联。经化验分析后，得到了建造大飞机的主要材料铝合金的关键配比，波音公司的"不传之秘"就这样拱手让与苏联。这20名到波音公司考察的苏联专家，虽不是专业的情报人员，却在"考察"回国后完成了生间的任务。

俄乌军事冲突中也充斥着"用间"，不胜枚举。乌克兰国防部情报局局长布达诺夫多次公开表示，他掌握接近俄罗斯总统普京的消息源，在离普京最近的办公室，他们已安插线人，这就是为什么乌克兰通常知道正在发生什么。布达诺夫在普京身边安插线人与否是个未知数，但这至少会让普京犹豫一下。不仅如此，已经死亡的瓦格纳创始人普里戈任也成为乌克兰对抗俄罗斯"用间"的对象。真真假假，虚虚实实，用间与否，虚实之中。

用间与保密，是一个古老的话题，是一场残酷的斗争，更是一对永恒的矛盾。现代战争赋予间谍更复杂的形式和内涵，间谍也以更隐秘的方式存在着。

《孙子兵法》作为先秦古籍，我们今天再次翻开它，不仅要学习孙武所提出的军事原则，更重要的是，应了解如何以更高的视角去理解战争，看待国际风云变幻，并透过古老的文字窥见孙武的思想方法，将其运用到工作和生活之中。若能实现，这将是一次十分有益的阅读之旅。

商场如战场

商战，情报第一

间，就是间谍的意思。不过《用间篇》并不仅仅是讲解如何驱使间谍，而是要更为宽泛一些，讲的是整个军事情报工作，这个在大众的视野中容易被忽视但是极其重要的事情。

孙武强调，君主一定要了解间谍手段的使用方法，因为只有这样，才能保证"知彼"是准确的，孙武明确地否定了几种获取信息的手段。首先，问鬼神是不靠谱的，那是迷信；其次，根据之前的情况来类比现在也是不靠谱的；最后，夜观天象可以获取天气信息，但是用来占卜也不靠谱。孙武反复强调世界是变化的，不可以相信那些主观臆断，要相信间谍带回来的一手信息。

在现代法治社会，间谍手段是涉嫌违法的，我们不能宣传或鼓励大家用这种商业手段进行竞争，尽管商业情报确实非常重要，谁能及时掌握有效情报，谁就能在竞争中占得先机。

综合商社是日本特有的商业模式，它们不仅仅是贸易公司，还承担着多种角色，包括贸易、投资、市场研究、商业情报、物流、金融等多方面的职能，尤其是提供商业情报服务以支持日本企业的国际化和全球市场拓展。它们通过积累海外市场信息、了解国际商业趋势、预测市场走向等方式为企业提供可靠的商业情报，帮助企业做出明智的商业决策。

综合商社采用多种方式搜集情报，包括社交活动、与当地人接触、通过国际金融机构与业务机构获取情报、派人到欧洲先进国家著名学府进修或考察等。这些方式确保了搜集到的情报的全面性和多样性。

不仅如此，综合商社还具有强大的情报分析能力，能够准确预测市场走向和行业发展趋势。他们从微小的细节中分析，预测的准确性和前瞻性使其能够及时调整策略，获取更多的经济利益。在日本，综合商社数量众多，其中9家较为突出，分别是：三菱商事、三井物产、伊藤忠商事、丸红、日商岩井、兼松、东棉、住友商事、日绵实业。

著名的商人李嘉诚一直保持着每天清晨看报纸的习惯，也是商业情报重要性的体现。李嘉诚很注重节约时间，因此他先快速浏览新闻的标题，如果某些标题引起了他的兴趣，他会深入阅读全文。特别是那些用英文报道的新闻，他的团队会将其翻译成中文，确保他能完全理解其中的内容。

这种方法让他避免阅读很多与他职业无关或者无意义的新闻，也为他节省了大量时间。这些宝贵的时间他可以用来做更多重要的事情，比如深入研究感兴趣的新兴产业、与团队讨论战略规划，或者推动正在进行中的项目。

李嘉诚明白掌握信息对于他在商业世界的成功至关重要，但也懂得在信息获取方面要高效、有针对性。这种方式不仅提高了他的工作效率，也让他能更有条理地应对日益复杂和多变的商业环境。

对于我们普通人来说，面对浩如烟海的信息，最重要的是保持自己的判断力，尽可能不被这些信息蒙蔽。比如说，相信数据是一个好习惯，但我们要分辨这个数据是否权威，或者说是否经得起检验。如果一家企业在研究市场时用了完全不靠谱的基础数据，那么得到的结论想必也不可能准确，企业的未来就是十分危险的。对个人来说，错误的信息或是只说一半的正确的废话也是危险的。比如，有的股民就愿意相信道听途说的"内幕消息"，认为自己掌握了绝妙的先机，然后进行自以为高明的操作；有的人愿意相信营销号，营销号告诉他食品添加剂是有毒的，却从来不说要达到一定剂量，也不提及人体的代谢功能。总是相信这些的人，其生活也总陷入焦虑与困惑。所以，提升自己的认知水平是不被蒙骗的关键。现在的信息与知识获取难度比起古时已经大大降低了，一般层面的知识都不需要付出"爵禄百金"才能获取。

最后孙武说，贤明的君主、好的将领能成就大业，都是因为他们使用了有高超智慧的人作为"间"，其实"用间"就是古代最高明的获取敌方信息的手段了。知己知彼，百战不殆，信息是用兵作战中最重要的事，整个军队都要依靠信息来行动，这呼应了《孙子兵法》开篇的观点，也是丝毫不夸张的说法。

参考文献

［1］ 马丁·米德尔布鲁克.马岛战争：阿根廷为福克兰群岛而战［M］.俞敏，译.吉林：吉林文史出版社，2019.

［2］ 弗雷德里克·罗格瓦尔.战争的余烬［M］.詹涓，译.北京：社会科学文献出版社，2017.

［3］ 格雷厄姆·艾利森，菲利普·泽利科.决策的本质：还原古巴导弹危机的真相（第二版）［M］.王伟光，王云萍，译.北京：商务印书馆，2021.

［4］ 奥兰多·费吉斯.克里米亚战争：被遗忘的帝国博弈［M］.吕品，朱珠，译.南京：南京大学出版社，2018.

［5］ 迈克尔·B.奥伦.六日战争：1967年6月和现代中东的创生［M］.丁辰熹，译.北京：九州出版社，2020.

［6］ 贾森·斯特恩斯.刚果战争：失败的利维坦与被遗忘的非洲大战［M］.郭丹杰，吕赛赛，译.广西：广西师范大学出版社，2022.

［7］ 上海市国防教育协会.现代经典战例［M］.上海：上海远东出版社，2020.

［8］ 胡烨.复燃的冰川：印巴战争1965［M］.北京：中国长安出版社，2015.

［9］ 郑达庸.三进巴格达：中国外交官亲历海湾战争［M］.北京：中共党史出版社，2015.